Arbeitstexte für den Unterricht

Deutsche Gegenwartslyrik

Eine poetologische Einführung

Für die Sekundarstufe
Von Hans-Joachim Willberg

Philipp Reclam jun. Stuttgart

Universal-Bibliothek Nr. 15010[2]
Alle Rechte vorbehalten
© 1989 Philipp Reclam jun. GmbH & Co., Stuttgart
Gesamtherstellung: Reclam, Ditzingen. Printed in Germany 1992
RECLAM und UNIVERSAL-BIBLIOTHEK sind eingetragene
Warenzeichen der Philipp Reclam jun. GmbH & Co., Stuttgart
ISBN 3-15-015010-8

Inhalt

1. Vorwort

Es ist eine bekannte Erscheinung, daß Musik- und Kunst-
freunde häufig glauben, vor den Werken zeitgenössischer
Kunst kapitulieren zu müssen. Bei der Literatur verhält es
sich nicht viel anders. Die poetologischen Kenntnisse, in der
Schulzeit einmal übermittelt, reichen in der Regel nicht aus,
dem Leser auch einen Zugang zum modernen, zum zeitgenössischen Gedicht zu öffnen. Sein an traditionellen
Gedichten geschultes Verständnis endet oft schon bei dem
lyrischen Werk eines Hermann Hesse, Hans Carossa oder
Rainer Maria Rilke. Der eigentlich *modernen* Lyrik begeg-
net er dann meist mit Mißtrauen, Ratlosigkeit und Unver-
ständnis, ja oft mit völliger Ablehnung.
Kann die traditionsgebundene Lyrik im wesentlichen als
eine Poesie der Zustimmung zum Bestehenden, der Erbau-
ung und des Weltvertrauens gelten, in der der Formschön-
heit oft der höchste Wert eingeräumt wird, so ist die
moderne Lyrik, vor allem aus Verzweiflung über das verbrauchte Wort, häufig provozierender Ausdruck des Wider-
spruchs, der Verlorenheit von Ich und Welt, ein Ort der
Verfremdung. Statt des gehobenen, poetischen Stils verwendet die zeitgenössische Lyrik, der alle Feiertäglichkeit fremd
ist, nicht selten Ausdrücke der Umgangs- und (oftmals
ironisch gebrauchten) Trivialsprache, zum Teil auch Jargon
und Slang.
Das zeitgenössische Gedicht schenkt dem Leser nichts, eher
verweigert es sich ihm zunächst und fordert ihn zu ange-
strengter nachschöpferischer Mitarbeit heraus. Reduktion
aller Kunstmittel und Lakonismus bestimmen weithin das
Feld der Gegenwartslyrik. In ihr wird mit einem Minimum
sprachlicher Zeichen ein Maximum an Mitteilung erstrebt.
Ein Wandel des Weltbildes zieht notwendig auch tiefgrei-
fende Veränderungen im Kunst- und Literaturbereich nach
sich. Deshalb möchte dies Buch dem Leser den Blick schärfen für die *Notwendigkeit* einer Weiterentwicklung der
Lyrik nach dem Zweiten Weltkrieg und ihn zugleich daran

erinnern, daß es in der Literatur der letzten hundert Jahre –
mit dem Naturalismus und dem Expressionismus – schon
zweimal einen solchen radikalen Wandel wie in der Nachkriegslyrik gegeben hat. Die damals revolutionäre neue
Lyrik dieser beiden Bewegungen, von der auf der Klassik
und der Romantik fußenden literarischen Tradition schroff
abgelehnt und bekämpft, ist heute fester Bestandteil lyrischer Überlieferung geworden.

Anhand vieler Beispiele soll im folgenden die Entwicklung
der deutschsprachigen Lyrik von etwa 1945 bis in die späten
achtziger Jahre dargestellt werden. Nach vielen Versuchen,
die Mannigfaltigkeit der Formen moderner Lyrik durch
Einteilung in besondere Gedichtformen überschaubarer zu
machen (u. a. Benno von Wiese, Karl Krolow, Hartmut
Müller, Ulrich Klein, Otto Knörrich), ist es das Ziel dieser
Arbeit, die verschiedenen Einteilungsprinzipien zusammenzufassen und die Klassifizierungsbemühungen bis in die
Gegenwart fortzuführen – trotz der Vorbehalte, die bei
jeder Art von Klassifizierung und Systematisierung ange-
bracht sind.

Die Mühe der Erschließung der besonderen Struktur, der
sprachlichen, stilistischen, der klanglich-rhythmischen Formen des modernen Gedichts kann dies kleine Buch dem
Leser trotz mancher Interpretationshilfen nicht abnehmen.
Aber es kann seine Entdeckerfreude, sein intellektuelles
Vergnügen fördern und ihm als erste Orientierungshilfe
dienen, sich in der verwirrenden Vielfalt der wichtigsten
Struktur- und Stilformen moderner Lyrik leichter zurecht-
zufinden, mögen diese sich auch nur selten rein darstellen.
Es kann ihm weiterhin in der einem raschen Wandel unter-
worfenen Gegenwartslyrik einige formale wie inhaltliche
Haupttendenzen aufzeigen und so den Blick für die Eigenart
und Ausdruckskraft des einzelnen Gedichts schärfen und
dessen Stellung im Gesamtbereich der Gegenwartslyrik
deutlich machen.

Dabei soll jedoch dem Leser keineswegs die Freude am
traditionellen Gedicht genommen werden, genausowenig.

wie der dem Neuen gegenüber aufgeschlossene Musikfreund sich von Bach oder Mozart distanzieren wird.

Abschließend noch ein Hinweis auf die für manchen Leser vielleicht befremdlich wirkende hohe Zahl der Anmerkungen. Da der für eine literaturgeschichtliche Darstellung der jüngsten Zeit notwendige historische Abstand naturgemäß fehlt, konnte der Vielfalt der literarischen Richtungen und Standpunkte nur durch die ausgiebige Zitierung von Autoren und Kritikern Rechnung getragen werden, um auf diese Weise ein möglichst umfassendes, alle Tendenzen und Widersprüche der Zeit widerspiegelndes Bild von der zeitgenössischen Lyrik zu gewinnen.

2. Die vier Phasen der modernen Lyrik

Die Tradition der Poetik bis in die Gegenwart hinein fortzusetzen ist ein kaum mögliches Unterfangen, da es eine Poetik der Moderne wegen der Vielfalt der Meinungen und des offenen Nebeneinanders verschiedener Wertsysteme im Zeitalter des Pluralismus nicht geben kann.

Gelten schon die Normen der herkömmlichen Poetik nur mit Einschränkung für die traditionelle Literatur bis zur Mitte des 20. Jahrhunderts, also bis zum Einsetzen der Trümmer- und Kahlschlag-Literatur, so wechseln die literarischen Ausdrucksformen in der Nachkriegszeit fast mit jedem Jahrzehnt. Es können deshalb hier nur einige Hauptwesenszüge und Tendenzen der einzelnen Phasenabschnitte innerhalb der Gegenwartsliteratur aufgezeigt werden.

Die *erste Phase*, die Zeit der sogenannten Trümmer- und Kahlschlag-Literatur, kann schon um das Jahr 1948 als im wesentlichen abgeschlossen gelten. Literarisches Denkmal dieser Zeit ist neben Wolfgang Borcherts Drama *Draußen vor der Tür* und seinen Erzählungen Günter Eichs Gedicht *Inventur*:

> Dies ist meine Mütze,
> dies ist mein Mantel,
> hier mein Rasierzeug
> im Beutel aus Leinen.
>
> Konservenbüchse:
> Mein Teller, mein Becher,
> ich hab in das Weißblech
> den Namen geritzt.
> [...]

Die darauf folgende *zweite Phase* während der fünfziger und beginnenden sechziger Jahre, noch geprägt von den heute schon als Klassiker der Moderne geltenden Autoren Benn und Brecht, Blütezeit der hermetischen, artistischen Lyrik

(Hauptrepräsentanten: Ingeborg Bachmann und Paul Celan), findet spätestens um das Jahr 1968 (in dem Hans Magnus Enzensberger den »Tod der Literatur« proklamiert) ihren vorläufigen Abschluß.

Eine *dritte Phase* der Moderne setzt etwa mit dem Lakonismus und Walter Höllerers Thesen zum »langen« Gedicht, dem Aufkommen der Pop Art, den Studentenrevolten, den Industriereportagen und der Agitationslyrik ein. Sie ist im Gegensatz zum vorangegangenen Zeitabschnitt stärker beeinflußt von den sozialtheoretischen Arbeiten der Frankfurter Schule, von den Strukturalisten und den Neomarxisten mit ihrer Verelendungstheorie. Politisches Engagement und Solidarität mit den Unterprivilegierten sind ganz wesentliche Tendenzen dieser Literatur.

Eine *vierte Phase*, auch als Postmoderne und Neo-Subjektivismus bezeichnet, kündigt sich kurz vor der Mitte der siebziger Jahre an. Während angesichts des Ausmaßes der atomaren Bedrohung einige Schriftsteller resignieren und den Entschluß fassen, nicht mehr zu schreiben (wie zum Beispiel Wolfgang Hildesheimer), wächst auf der anderen Seite das Vertrauen in die menschliche Kraft, »sich des selbst verschuldeten Wahnsinns zu entledigen«[1] und die Literatur als eine »Literatur der Gegenutopien und verlorenen Illusionen«[2] anzusehen. Der zuvor propagierten radikalen Auflösung poetischer Formen bis zum völligen Aufgehen der poetischen Sprache in der Umgangssprache tritt man wieder entschieden entgegen: »Gedichte sind genaue Form«, betont 1977 der Germanist Peter Wapnewski.[3]

Bewahrende Tendenzen sind erkennbar, auch die »Berührungsangst vor metaphorischen Aussagen«[4] klingt ab.

3. Wechselwirkungen zwischen
menschlicher Existenz und Literatur

Das Herausfallen des modernen Menschen aus seinen bisherigen Ordnungen (seien es Christentum, Humanismus oder auch Marxismus/Kommunismus) hat im Zusammenhang mit sozialen Umwälzungen und der tödlichen Bedrohung durch die atomare Entwicklung zu tiefgreifenden Veränderungen seiner Weltsicht geführt. Der (von Karl Schwedhelm geprägte) Begriff der Polyvalenz könnte die Meinungsvielfalt innerhalb des heutigen Pluralismus und damit die verschiedensten widersprüchlichen, aber mit gleichem Gültigkeitsanspruch auftretenden Geistesströmungen am treffendsten kennzeichnen. Menschliche Existenz ist seither u. a. durch folgende Züge gekennzeichnet, die in der Literatur ihre Entsprechung finden:

1. Dem Verlorenheitsgefühl, der Isolierung und Angst des menschlichen Ichs entspricht in der Literatur der existentialistische Ausgangspunkt vieler Werke, mit dem auf sich selbst zurückgeworfenen Menschen im Mittelpunkt, dessen Glaube an die Sicherheit seiner Existenz zerbrochen ist.

2. Seine Kommunikationsschwäche und Kontaktarmut spiegeln sich in der Literatur wider in der Angst vor der Sprache (*Chandos-Brief* Hofmannsthals), im lyrischen Verstummen, im Dauermonolog des Romans und im Schwinden des Dialogs im Drama.

3. Dem Verlust des alten Wirklichkeitsbegriffs, der zum Verlust der Kontinuität führt, und damit zur Aufgabe des Denkens in logisch-kausalen Zusammenhängen, entspricht in der Prosa die Aufgabe der einfachen Reihenfolge und die Simultaneität (Gleichzeitigkeit von räumlich und zeitlich auseinanderliegenden Ereignissen), im Drama die Stationentechnik und in der Lyrik die »Kühnheit des Zusammenhanglosen« (etwa im Metaphernsprung). Die Grundkategorien von Raum, Zeit und Kausalität scheinen aufgehoben.

4. Der Zerfall des Weltbildes und damit der Verlust der Überschaubarkeit der Welt, der dem einzelnen das Bruch-

stück- und Ausschnitthafte seiner Weltschau bewußt macht, hat seine literarische Entsprechung in der Vergrößerung des Details, in der »pars-pro-toto-Literatur«[5], in der Teile stellvertretend für das Ganze stehen (daher auch die Darstellung von Modellfällen und häufige Verwendung von Parabeln).

5. Dem Vorherrschen von Technik und Automation in unserer Gegenwart entspricht der häufig experimentelle Charakter moderner Dichtung (bis hin zum »Computer-Gedicht«).

6. Die Unsicherheit und Standortlosigkeit des modernen Menschen führt in der Dichtung zum Perspektivismus in der Darstellung, zum häufigen Wechsel des Betrachterstandpunktes.

7. Die Entdeckung der Tiefenschichten der Seele, der Überwirklichkeit von Traum und Rausch, die zur »Entgrenzung gegen das Unbewußte«, zu Verunsicherung und Verlust des Ichbewußtseins führt, hat zur Folge, daß das Ich einem häufig seinen Standort wechselnden Es weicht, daß im Roman die Wirklichkeit auf Bewußtseinsinhalte (erlebte Rede, innerer Monolog) reduziert wird. Im »Bewußtseinsstrom-Roman« mit seiner Assoziationstechnik kommt es schließlich zur Auflösung des Ichbewußtseins. So wie das Menschenbild im 19. und 20. Jahrhundert einem Reduktionsprozeß ausgesetzt war (der soziologischen Reduktion durch Marx, der physikalischen durch Einstein und der psychologischen durch Freud)[6], ist auch die moderne Dichtung, vor allem das moderne Gedicht, einem ähnlichen Prozeß unterworfen; es eröffnen sich jedoch zugleich neue Wirkungsmöglichkeiten.

4. Die Autoren der Nachkriegszeit

Die jungen Autoren der Nachkriegszeit befinden sich nach den Worten eines der ihren (Wolfgang Weyrauch) »in der äußersten Situation von Männern, die erfahren haben, daß alles in Frage gestellt ist«[7]. Es scheint die Fragwürdigkeit des privaten und öffentlichen Lebens zu sein, die auch die unmittelbare Nachkriegsgeneration veranlaßt, ungeachtet der Ohnmacht des dichterischen Wortes lautstark gegen die »Verkrustung der Herzen«, den »Panzer der Verhärtung« (Hans Magnus Enzensberger) anzugehen. Ihre Kritik ist vor allem begründet in dem von ihr beobachteten Zusammenbruch und inneren Verfall der bürgerlichen Lebensordnungen als Folge der Kriegs- und Nachkriegszeit, der sich in geistlosem Streben nach Lebensgenuß und Scheinsicherheit in einer trügerischen Wohlstandsgesellschaft dokumentiert – unter Nichtachtung der weltweit auf alle zustürzenden sozialen und atomaren Gefahren. Die geistige Haltung dieser Dichtergeneration ist gekennzeichnet

1. durch ihren kompromißlosen Bruch mit der Tradition;
2. durch ihre scharfe Ablehnung der »Scheinkultur« einer »vergehenden« bürgerlichen Gesellschaft;
3. durch ihre verzweifelte Skepsis, die sich in Angst, Mißtrauen und völliger Illusionslosigkeit äußert;
4. durch ihren weitverbreiteten Kulturpessimismus, der keine »heile Welt« (Werner Bergengruen) mehr kennt und sich nihilistischen Tendenzen öffnet.
5. durch ihre (zumindest bis in die sechziger Jahre reichende) Distanzierung von allen Ideologien und die Ablehnung verbindlicher Standpunkte in der Beantwortung von Daseinsfragen: »Die eigene Wahrheit ist im heutigen Weltzustand die einzige Wirklichkeit.«[8]

5. Was will moderne Dichtung?

Moderne Dichtung (insbesondere moderne Lyrik) will weder trösten noch das Gemüt rühren, weder erbauen noch etwas veredeln. Sie will keine Sachverhalte mitteilen noch allgemeine Wahrheiten aussprechen, keine Wirklichkeit abbilden oder wiedergeben, vielmehr eine neue Wirklichkeit schaffen. Moderne Literatur soll für den Leser nicht mehr »Genuß« sein, sondern ihn zur Kritik, zur Kreativität und zum Nachschaffen anregen. Gereimte Erbaulichkeiten sind ebenso verpönt wie das Streben nach Harmonie und die Darstellung des Schönen. Literatur ist Denkansatz und Herausforderung zugleich; sie ist weder affirmativ noch lebens- oder gesellschaftsbejahend. Die Literatur hat die Aufgabe übernommen, die »Illusion [zu] zerstören, die Welt [...] sei in der Ordnung«[9]. Dichtung soll »an den Schlaf der Welt rühren«[10]; der Leser soll »Sand, nicht das Öl im Getriebe der Welt«[11] sein. Schon Kafka hatte gefordert: »Ein Buch muß die Axt sein für das gefrorene Meer in uns.«[12] Auf den allgemeinsten Nenner bringt es Hans Magnus Enzensberger: »Poesie ist Widerspruch, nicht Zustimmung zum Bestehenden«[13], sie ist Widerstand gegen das Einverständnis mit der Welt.

6. Der Wandel auf formalem Gebiet

Verschiedene Entwicklungen auf formalem Gebiet machen die Unterschiede zwischen der Dichtung der Moderne und der früherer Epochen deutlich:

1. Das Zerfließen der Gattungen: Lyrik tendiert in ihren »Texten« zur »in Zeilen aufgefüllten Prosa«[14]. Im Roman tritt die Handlung gegenüber dem Essay und der wissenschaftlichen Betrachtung zurück. Häufig nimmt er parabelhafte Züge an, oder er wandelt sich im »Bewußtseinsstrom-Roman« zum halblyrischen Dauermonolog. An die Stelle der klassischen Tragödie tritt die moderne Tragikomödie bzw. das epische Theater, zum Teil auch (bis in die sechziger Jahre) das halblyrische poetische Drama (Nelly Sachs). Dichtung gibt sich wissenschaftlich, Wissenschaft »gebärdet sich poetisch«[15]. »Selten sind Verse noch lyrisch, aber Lyrisches braucht auch nicht mehr den Vers.«[16]

2. Alte lyrische Formen wie Hymne, Ode, Elegie und Lied verschwinden und mit ihnen Jubel, Preis, Anruf und Klage. Auch andere herkömmliche Gattungsformen wie Novelle und Ballade fehlen in jüngster Dichtung fast ganz; an ihre Stelle treten andere Formen wie Kurzgeschichte, Parabel, Erzählgedicht, Bänkelsang, Protestsong, Essay, Hörspiel und Tagebuch. Früher eher ungewöhnliche poetologische Begriffe bestimmen ganz wesentlich die moderne Dichtung, wie z. B. das Groteske, das Paradoxe und das Absurde, Verfremdung, Chiffre, Montage.

3. »Da die romantische Poesie der schönen Dinge längst von den Reise-Prospekten und den Sprechern des Werbefunks beschlagnahmt wurde, muß sich die dichterische Sprache unseres Gesellschaftszustands notgedrungen mit den Lebens- und Sprechformen unseres Alltags abfinden.«[17] Das kann u. a. geschehen durch Arbeiten mit dem »Kontrast zwischen Alltagsgeschwätz und den [poetischen] Destillationen«[18] oder durch »Konfrontationen mit leerlaufendem Alltagsgerede«, etwa bei Ionesco[19].

4. Dichtung (vor allem die Lyrik) will – zumindest bis zum

Beginn der siebziger Jahre – *autonom* sein. Das bis dahin vorherrschende Gedicht »sagt« häufig nichts mehr »aus«, sondern evoziert. Die Literatur löst sich, von der ausgesprochen politischen Lyrik abgesehen, vom Leben und lebt ein Leben für sich. Poesie als Produkt der souveränen, über die Sprache verfügenden Einbildungskraft des Dichters wird nicht mehr an der dem Menschen vertrauten Wirklichkeit gemessen, sondern schafft ihre eigene »faszinierende Wirklichkeit«. Autoren wie z. B. Gottfried Benn suchen die »Transzendenz der schöpferischen Lust«[20]. Der Dichter, der »im Wort und durch das Wort absolute Freiheit« beansprucht, fühlt sich als »Operateur der Sprache«[21], der an dem Prozeß des Dichtens häufig mehr interessiert ist als am fertigen Werk selbst. So wie der Inhalt sich in der Sprache verkörpert, gibt das moderne Gedicht dieses Zeitabschnitts »keine Wirklichkeit wieder, [sondern] konstituiert eine neue«[22].

7. Die moderne Lyrik

Ähnlich wie im Expressionismus hat sich auch in der Nachkriegsliteratur – zumindest bis zum Ausgang der sechziger Jahre – das Schwergewicht vom Roman auf das Gebiet der Lyrik verlagert. In ihr – als der am schnellsten auf geistige Krisen reagierenden Gattung – hat sich der Wandel in der Anschauung vom Wesen der Literatur am radikalsten vollzogen. Nirgends sonst stoßen die Meinungen so hart aufeinander wie bei der Beurteilung dieser modernen Lyrik.

7.1. Vorläufer und Wegbereiter

Barock und Romantik (besonders Novalis), Arno Holz, Expressionismus (vor allem Trakl), Dada, Surrealismus; auch der Existentialismus. Die stärksten Anregungen gehen jedoch von den drei großen Franzosen des 19. Jahrhunderts aus, von Mallarmé, Baudelaire und Rimbaud (auch von Lautréamont), ferner von den (Anglo-)Amerikanern T. S. Eliot und Ezra L. Pound. Einer der wichtigsten deutschen Anreger ist Gottfried Benn, dessen *Probleme der Lyrik* (1951) geradezu eine neue »ars poetica«, ein poetisches Lehrbuch der fünfziger Jahre werden. In den sechziger Jahren macht sich dann der Einfluß seines Antipoden Bertolt Brecht immer stärker bemerkbar.

7.2. Symptome »veralteter« Lyrik

Gottfried Benn zeigt in seiner genannten Schrift vier Symptome überwundener oder, wie er sich ausdrückt, »nicht mehr mit der Zeit [um 1950] identischer« Lyrik auf[23], wozu wir hier einige Beispiele geben:
1. Das Andichten der unbelebten Natur mit nachfolgender Wendung zum Ich des Autors (Goethe: »Über allen Gipfeln ist Ruh«);

2. der Gebrauch des Vergleichs mit »wie« (Heinrich Heine: »Du bist wie eine Blume«);

3. die häufige Verwendung von Farben (Georg Trakl: »Ein blaues Wild / blutet leise im Dornengestrüpp. / Ein brauner Baum steht abgeschieden da / seine blauen Früchte fielen von ihm«);

4. die »seraphischen« Töne: Ewigkeit, Herz, Seligkeit, heilig, göttlich usw. (Friedrich Hebbel: »Heilige Fülle, wie von göttlichem Segen schwer«).

Schließlich warnt er vor *freien Rhythmen*, die »in der Hand von Mittelmäßigkeiten noch unerträglicher sind als der Reim«, bei dem »eine gewisse Erschöpfung« vorliegt.[24]

Der Literaturwissenschaftler Jan Brockmann kritisiert Benns Ästhetik und meint, sie »war schon historisch, als er sie entwarf«. Daß sie »für viele den Schein des Revolutionären trug, lag an der Desorientierung, in die zwölf Jahre barbarisch abgebrochener Tradition geführt hatten«[25]. Er selbst nennt als Symptome erstarrter Poesie:

1. den Gestus der Vereinzelung, der sich auf die gestörte Kommunikation zwischen Künstler und Gesellschaft beruft, auf das sich und seine Einsamkeit betrauernde lyrische Ich.

2. die auf sich selbst bezogene monologische Dichtung, die Genüge nur in sich selbst sucht und zu einer oft schwer erträglichen Selbststilisierung führt;

3. den Gebrauch der plakativen Floskel »Nichts« (anstelle des Wortes »Gott«), wobei das Lied vom Nichts die nihilistische Grundsituation spiegele;

4. die Angewohnheit, die Technik als leicht einzusetzendes Mittel der Verfremdung in die Metaphorik einzubeziehen.[26]

Ähnlich äußert sich (zu Punkt 3) auch Dieter Hasselblatt: »Das ›Nichts‹ gehört heute einfach zu den Fauxpas, die keinem Lyriker mehr unterlaufen dürfen«.[27]

Hierzu als abschließendes Beispiel ein Gedicht Rilkes aus dem Jahre 1925 (aus dem Umkreis der Gedichte an Erika Mitterer, VIII):

Mehr nicht als das Warmsein eines Rings,
den du eben dir vom Finger zögest,
und als Druck: als ob du dies erwögest:
ach: das Schwersein eines Schmetterlings

Mehr nicht werd ich von dir wissen, Heide,
an dich glaubend, ohne (fast) Beweis,
wie das Licht im Ballsaal von der Seide,
wie die Seide von den Blumen weiß.

An diesem Gedicht zeigt Karl Schwedhelm noch einmal auf, was die Poesie unserer Tage sorgfältig zu vermeiden sucht[28]:

- die Anrede, die dem Gedicht die Aura des Privaten gibt;
- die Interjektion der Klage, das romantisch-elegische »ach« einer bekümmerten Reflektion;
- den zweifachen direkten Vergleich durch »wie«;
- die schwachen Reimwörter der unschönen Konjunktive auf »-ögest«;
- den Gebrauch des Partizips und
- das Enjambement (Übergreifen eines Satzes auf den folgenden Vers).

7.3. Die Grundsituation der modernen Lyrik

Die Verzweiflung über das verbrauchte Wort in der Lyrik führt zur radikalen Absage an die traditionsbestimmten sprachlichen und poetologischen Mittel: Über die Welt von heute kann nicht in der Sprache von gestern ausgesagt werden. Traditionelle Verse werden als »Afterpoesie«, die sich »auf Claudius oder Rainer Maria Rilke schminkt«, abgetan.[29] Wo aber Dichter versuchen, »so weiterzudichten [...], wie der Vogel singt, der in den Zweigen wohnet«, da entsteht weder Poesie, noch zeigt sich darin »das berüchtigte ›Positive‹«, sondern nur »poetische Lüge«.[30]
Das Gedicht vermeidet direkte Aussagen (etwa über das

Grauen in der Welt), Gegenständliches tritt zurück, »man traut der Form oder dem Wort, d. h. der neuen Sageweise, an sich zu, was man früher den Inhalten zugeschrieben hatte«[31]. Damit wird eine radikale Abkehr von der seit dem Sturm und Drang vorherrschenden subjektiven Erlebnis-, Stimmungs- und Bekenntnislyrik und zugleich von allen Formen traditioneller Poetik vollzogen. Fabel und Inhalt treten gegenüber der Form und Struktur eines Gedichtes zurück. Die Form aber hat sich von außen nach innen verlagert, d. h., an die Stelle der äußeren Stilmittel des Verses (Versfuß, Reim, Klang) sind die viel schwerer erfaßbaren Strukturelemente des inneren Aufbaus, der Assoziationstechnik usw. getreten. Die radikale Distanzierung des modernen Dichters von der traditionellen (aber auch von der hermetischen, artistischen) Lyrik spricht aus dem folgenden Gedicht Christoph Meckels:

Rede vom Gedicht

Das Gedicht ist nicht der Ort, wo die Schönheit gepflegt
wird.

Hier ist die Rede vom Salz, das brennt in den Wunden.
Hier ist die Rede vom Tod, von vergifteten Sprachen.
Von Vaterländern, die eisernen Schuhen gleichen.
Das Gedicht ist nicht der Ort, wo die Wahrheit verziert
wird.

Hier ist die Rede vom Blut, das fließt aus den Wunden.
Vom Elend, vom Elend, vom Elend des Traums.
Von Verwüstung und Auswurf, von klapprigen Utopien.
Das Gedicht ist nicht der Ort, wo der Schmerz verheilt
wird.

Hier ist die Rede von Zorn und Täuschung und Hunger
(die Stadien der Sättigung werden hier nicht besungen).
Hier ist die Rede von Fressen, Gefressenwerden
von Mühsal und Zweifel, hier ist die Chronik der Leiden.

Das Gedicht ist nicht der Ort, wo das Sterben begütigt
wo der Hunger gestillt, wo die Hoffnung verklärt wird.

Das Gedicht ist der Ort der zu Tode verwundeten Wahrheit.
Flügel! Flügel! Der Engel stürzt, die Federn
fliegen einzeln und blutig im Sturm der Geschichte.

Das Gedicht ist nicht der Ort, wo der Engel geschont wird.

7.4. Besondere Kennzeichen des modernen Gedichts

Zwei fast themengleiche Gedichte Günter Eichs können auf
einige besondere Kennzeichen des modernen Gedichts hin-
weisen: Das erste, *Die Häherfeder*, 1948 erschienen, in
traditioneller Form, das zweite, *Tage mit Hähern*, sieben
Jahre später geschrieben, ein modernes Gedicht.[32]

Die Häherfeder

Ich bin, wo der Eichelhäher
zwischen den Zweigen streicht,
einem Geheimnis näher,
das nicht ins Bewußtsein reicht.

Es preßt mir Herz und Lunge,
nimmt jäh mir den Atem fort,
es liegt mir auf der Zunge,
doch gibt es dafür kein Wort.

Ich weiß nicht, welches der Dinge
oder ob es der Wind enthält.
Das Rauschen der Vogelschwinge,
begreift es den Sinn der Welt?

Der Häher warf seine blaue
Feder in den Sand.
Sie liegt wie eine schlaue
Antwort in meiner Hand.

Tage mit Hähern

Der Häher wirft mir
die blaue Feder nicht zu.

In die Morgendämmerung kollern
die Eicheln seiner Schreie.
Ein bitteres Mehl, die Speise
des ganzen Tags.

Hinter dem roten Laub
hackt er mit hartem Schnabel
tagsüber die Nacht
aus Ästen und Baumfrüchten,
ein Tuch, das er über mich zieht.

Sein Flug gleicht dem Herzschlag.
Wo schläft er aber
und wem gleicht sein Schlaf?
Ungesehen liegt in der Finsternis
die Feder vor meinem Schuh.

Das erste Gedicht, schon von der äußeren Form her traditionell (Strophenform, Kreuzreim, Versmaß wechselnd
zwischen jambischen und trochäischen Versen mit je einem
Daktylus), spricht eine klare, leicht verständliche Sprache
ohne schwer deutbare Metaphern. Es ist das Erlebnisge-
dicht eines dichterischen Subjekts mit klarer Ich-Aussage.
Wenn dem Dichter auch (im Gleichnis der Vogelschwinge)
der Sinn der Welt noch verborgen bleibt, so scheint doch
die Sinnfindung immerhin im Bereich des Möglichen zu liegen, auch wenn die letzte Strophe wohl eher ironisch gemeint ist.
Ganz anders das zweite Gedicht! Es verzichtet auf regelmäßige Strophen, auf den Reim, ein herkömmliches Versmaß
und bereitet vor allem durch die verfremdende Sprache
einem schnellen Verständnis Schwierigkeiten. Im Gegensatz

zum ersten Gedicht wird die Kommunikationsmöglichkeit zwischen Vogel und Mensch ausgeschlossen. Am auffälligsten aber ist die Kühnheit der Metaphorik, die das Entfernteste miteinander verknüpft, und der Verzicht auf logisch erkennbare Zusammenhänge.

Kühn ist das Bild der kollernden Eicheln für die Schreie des Hähers. Aus dem Namen des Eichelhähers hat Günter Eich das Bestimmungswort »Eichel« herausgenommen und mit dem Verb »kollern« (eine sich ihm aufdrängende Assoziation zu »Eichel«) in Verbindung gebracht als Bild für die Schreie des Vogels. Ähnlich rätselhaft das Bild der dritten Strophe, wo der Vogel aus Ästen und Baumfrüchten die Nacht hackt und sie dem Dichter als Tuch über den Kopf zieht. Und worauf zielen die Verse: »Wo schläft er aber / und wem gleicht sein Schlaf?« Alles nur schwer ausdeutbare Bilder, die vielleicht die den Dichter irritierende Fremdheit der Lebens- und Seinsweise des Vogels auszudrücken versuchen. Wichtig bei der Betrachtung des Gedichts ist weiter der bestimmte Assoziationen evozierende Klangwert der Wörter, wobei sicherlich auch sprachspielerische Elemente einfließen. Reinhold Grimm versucht folgende Deutung: »Der Häher, im Volksglauben ein schatz- und zauberkundiger Vogel, erscheint als eine Art mythisches Wesen, das mit dem Geheimnis des Tags und der Nacht, vielleicht also mit dem Seinsgeheimnis, vertraut ist, uns jedoch jeden Zugang ironisch verwehrt. Die Feder, die nicht zugeworfen wird und dann plötzlich daliegt, um übersehen zu werden, versinnbildlicht diese Beziehung.«[33] Durch verfremdende Bilder und überraschende Metaphern schlägt Eich in diesem Gedicht eine Brücke zum Surrealismus.

Wesentliche Merkmale moderner Lyrik während ihrer ersten Nachkriegsblüte – zumindest dominierend bis zur Jahrzehnt-Wende 1970 – sind u. a. Reduktion, Hermetismus, surrealistische Elemente, Montage, Lakonismus, vor allem »unbarmherziger Abbau des Entbehrlichen«[34]. An die Stelle von ausgewiesenen Weltbildern treten Strukturen, die dem

Leser die entscheidende Arbeit zumuten. Nicht mehr Gefühl und Selbstbetrachtung sind gefragt, sondern der Umgang mit einer sich einem leichten Verständnis entziehenden Zeichensprache: hermetisch, bis an die »Grenze des Möglichen mit Sinn geladen« (Ezra Pound). »Der Leser wird zum intellektuellen Komplizen des Autors.«[35]

7.4.1. Der mehrfache Reduktionsprozeß

1. Zurücknahme gehobener Sprache: »Untertreibung« (understatement), »Unterkühlung des lyrischen Sprechens bis zur Schnoddrigkeit«[36]. Aussparendes Verschweigen tritt an die Stelle von Pathos.
2. Künstlerische (formal-ästhetische) Reduktion durch Abwendung vom Prinzip des Schönen und Harmonischen; statt dessen Betonung der Dissonanz, des Häßlichen und Hinwendung zum Grotesken und Absurden, zum »schwarzen Humor«. Bei Ablehnung der Stilmittel traditioneller Verslehre (Metrum, Reim, Klang und Strophik) Tendenz zur Zeilenkomposition und zum Prosagedicht.
3. Inhaltliche Reduktion, Neigung zur Abstraktion: »Hirnlyrik«, »absolutes« Gedicht, Gedicht ohne Inhalt: »Poesie beginnt, wo die Inhalte aufhören.«[37]
4. Reduktion des dichterischen Ichs, das »zerstört werden muß«[38] und, völlig neutralisiert, einem »Es« weicht. Dieser Ich-Ausklammerung entspricht eine Umwertung des dichterischen Schöpfungsakts: An die Stelle der Inspiration und der Intuition tritt »lyrische Destillation« (Gottfried Benn). Dichten wird zur nüchternen »Präzisionsarbeit«[39]. Der Sänger von Gottes Gnaden, der Hohepriester des Worts wird zum »Laboranten«, zum Techniker des Worts, der die Phantasiekräfte intellektuell zu steuern sucht.

7.4.2. Hermetismus (Verschlossenheit, Unzugänglichkeit)

Die von Dunkelheit, Vieldeutigkeit und faszinierender Sprachmagie bestimmte Lyrik, die allein durch die Sprache einen jenseits der erfahrbaren Wirklichkeit liegenden Sinnzusammenhang der Dinge kurz aufleuchten lassen möchte (Gottfried Benn: »Ein Wort – ein Glanz, ein Flug, ein Feuer / ein Flammenwurf, ein Sternenstrich –«!), ist zweifellos das auffallendste Kennzeichen der Lyrik der zweiten Phase, die sich oft genug selbst kommentieren muß (wie etwa in *Transit*, Walter Höllerers Lyrik-Anthologie, 1956). Diese Dunkelheit, schon von Novalis und Baudelaire gefordert, ist gewollt. Die großen Franzosen des 19. Jahrhunderts, insbesondere Mallarmé, leiten dunkles Dichten geradezu aus jener Dunkelheit ab, die im Urgrund aller Dinge liegt und sich nur »in der Nacht des Schreibens ein wenig lichtet«. Kraft der Diktatur der dichterischen Phantasie wird die Lyrik »ein Geheimnis, ein dem kaum Sagbaren abgewonnener Grenzstreifen, ein Wunder und eine Gewalt«[40]. »Der Dichter wird zum Abenteurer in bisher unbetretenen Sprachfeldern.«[41] Die Aufhebung der Orientierung an Raum und Zeit bedeutet die Auflösung kausaler, logischer und psychologischer Zusammenhänge. Allgegenwärtigkeit und Gleichzeitigkeit des Verschiedenartigsten (Simultaneität) wird zum Prinzip dieser Dichtung. Ihre Sinnerschließung setzt weniger Verstandesschärfe oder Einfühlungsvermögen als Assoziationsbereitschaft voraus. Die Aneignung dieser Art von Lyrik ist ein kreativer Akt, so daß Hugo Friedrich sagen kann: »Der Begriff des Verstehens ist dem Begriff des Weiterdichtens gewichen.«[42]

Das moderne Gedicht verfremdet, ja vergittert seine Aussage, sofern es überhaupt etwas aussagen will (vgl. Paul Celans Gedicht *Sprachgitter*). Das geschieht vor allem durch folgende Mittel:

7.4.2.1. Die *absolute Metapher*. Die Bedeutung der Metapher – vor allem in der hermetischen Lyrik – kann kaum überschätzt werden. Schon Lichtenberg wußte: »Die Metapher ist weit klüger als ihr Verfasser.«[43]

Ursprünglich ein Mittel der Veranschaulichung und Sinnerhellung, das ein Gegebenes durch Ähnliches verdeutlichte, zwingt sie heute das weit Auseinanderstrebende zusammen, so daß bei ihr oft keine Entsprechung mehr zur Realität festzustellen ist. Von jeder sprachlich-gesellschaftlichen Übereinkunft losgelöst, ist sie zum hilfreichsten Stilmittel für die unbeschränkte kreative Phantasie des modernen Dichters geworden. Beispiele: »Mondaxt sinkt in mein Mark« (Yvan Goll)[44]; »Der Mond mäht behutsam und zart das uralte Zittern des Flusses« (García Lorca)[45]; »Formel der Früchte: wer nennt sie? Auf tönenden Tischen / der Tage gebreitet, in silbernen Schalen der Nacht!« (Karl Krolow)[46].

Besonders Paul Celan beherrscht die Kunst der absoluten Metapher, wie die folgende erste Strophe seines Gedichts *Dunkles Aug im September* deutlich macht:

> Steinhaube Zeit. Und üppiger quellen
> die Locken des Schmerzes ums Antlitz der Erde,
> den trunkenen Apfel, gebräunt von dem Hauch
> eines sündigen Spruches: schön und abhold dem Spiel,
> das sie treiben im argen
> Widerschein ihrer Zukunft.

Das Gedicht beginnt mit der absoluten Metapher »Steinhaube Zeit« und wendet sich dann dem Antlitz der Erde zu. Versuchen wir diese Bildfügung zu deuten, die in Beziehung zur Zeit gesetzt wird, so assoziieren wir die Vorstellung von einem steinernen Helm, also einem kriegerischen Element in unserer Zeit, zugleich aber damit auch das Starre, Schwer-Lastende und Bedrückende dieses Elements, vielleicht steht uns sogar ein Denkmal oder Grabmal vor Augen.[47] Heinz Otto Burger nennt diese mitschwingende

Mehrdeutigkeit im modernen Gedicht das evokative Äquivalent, eine Figur, »die in ihrer Suggestiv- oder Evokativkraft der inneren Emotion äquivalent ist«[48]. Evokation, Beschwörung des sich dem sprachlichen Verständnis sonst Entziehenden, gilt als die höchste Leistung der Metapher. Die Mehrdeutigkeit dieser Metaphern übt oft eine fast magische Suggestion aus. Dabei spielen die »sogenannten semantischen Obertöne« eine besondere Rolle, jene feinen Nebenbedeutungen (Konnotationen, Bedeutungsanklänge) und Wertakzente, »die jedes Wort begleiten und die durch besondere Wortstellungen und Verbindungen mit anderen Wörtern (Kontext) deutlich werden«[49].

Der in der Nachfolge Mallarmés stehende französische Dichter Paul Valéry bekennt sich sogar zu dem Ausspruch: »Meine Verse haben den Sinn, den man ihnen gibt.«[50]

7.4.2.2. Die *Chiffre* (arab. *cifr*, »Null«). Sie ist eine der absoluten Metapher verwandte Stilfigur, eine Art Geheimzeichen, nur dem Eingeweihten verständlich, da sie etwas anderes meint, als sie im allgemeinen Sprachgebrauch bedeutet. Bildhafte Wörter oder Wortverbindungen werden unabhängig von ihrer ursprünglichen Bedeutung vom Autor in einem von ihm selbst gesetzten neuen Sinn gebraucht, der oft nur aus dem Zusammenhang seines Schaffens erschlossen werden kann. So wird die Chiffre jenseits von Symbol und Metapher zum »sinnlich-abstrakten Zeichen« der Verfremdung und Weltlosigkeit.[51]

Clemens Heselhaus nennt die Chiffre eine Form des lyrischen Paradoxons, sie »verharrt zwischen Bild und Metapher, zwischen Beschreibung und Übertragung«.[52] Gottfried Benn bezeichnet sie als ein Kunstprodukt, als »eine Zwischenschicht zwischen Natur und Geist«.[53]

»Weiß« ist bei Trakl die Chiffre für Verfall und Untergang, die »Stadt« die für Chaos und Hoffnungslosigkeit, während die gleiche Chiffre bei Yvan Goll für das den Geist verneinende Prinzip der Macht steht. So kann die Chiffre verstanden werden als ein Zeichen der Verschlüsselung, in dem sich Dichtung ihrer vorschnellen Erschließung widersetzt.

7.4.2.3. Die *Verbindung von abstrakten und konkreten Elementen.* Beispiele solcher Metaphernverschränkung, eine Art »sinnlicher Irrealität« (Rudolf Nikolaus Maier) schaffend: »Das Wort nahm Zuflucht unter der Pfirsichhaut unserer Tränen« (Lothar Klünner)[54]; »Die Locken des Schmerzes ums Antlitz der Erde« (Paul Celan)[55]; »Und die Stille kommt mit Flügeln. / Grün schwebt sie durch Ulmenkronen« (Karl Krolow)[56].

7.4.2.4. Die *surrealistische Bildersprache.* Der Einblendungstechnik der surrealistischen Malerei folgend, in der ein geschlachtetes Rind im Bechstein-Flügel oder ein Mensch mit herausgezogenen hölzernen Schubladen in seinem Bein darstellbar sind, gelingen dem literarischen Surrealismus Bilder mit alogischen grotesk-absurden Elementen: »Ein Knirschen von eisernen Schuhn [...] im Kirschbaum« (Paul Celan).[57] »In den Äther speit Gold ein raubender Fisch« (Ernst Meister).[58] Einer ähnlichen anarchischen Beziehungslosigkeit zwischen wesensfremden Dingen begegnen wir in den folgenden Zitaten moderner Lyrik: »Und ich legt' ihr ein Aug in den Schoß und flocht dir das andere ins Haar« (Paul Celan)[59]; »Leere Fenster bewegen sich in breiten Ketten tief über die lautlose Landschaft« (Helmut Heißenbüttel)[60]; »Als ich das Fenster öffnete, / schwammen Fische ins Zimmer, / Heringe« (Günter Eich, s. S. 48). Salvador Dali spricht vom Triumph über den »Sturz der Realität«.
Mit diesen grotesken Kombinationen, welche die von psychischen Mechanismen gesteuerten Bilder- und Traumfolgen des Unterbewußtseins wiedergeben sollen, sucht der Surrealist, von den französischen Dichtern Apollinaire, Breton und Aragon beeinflußt, die für ihn eigentliche, irreale Wirklichkeit zu beschwören. Der Germanist Rudolf Nikolaus Maier meint hierzu: »Erst die surrealistische Metapher ist fähig, das eigentlich Neue unserer Welterfahrung auf neue Weise zu sagen. Durch die Verfremdung erhält die Sprache eine sinnliche Gespanntheit, die künstlerische Wirkung verbürgt«. (Vgl. auch Kafka: »Wirkliche Realität ist immer unrealistisch«!)[61]

7.4.2.5. Der *Perspektivenwechsel*. Die Schranken von Raum und Zeit, von Gegenwart und Vergangenheit sind aufgehoben, der Wechsel von Subjekt und Objekt und umgekehrt geht fast unmerklich vor sich. »Alles ist immer jetzt« (T. S. Eliot). Bekannte Beispiele für solchen Perspektivenwechsel (im Gegensatz zur sonst üblichen Zentralperspektive) sind Gedichte wie *Genazzano* von Marie Luise Kaschnitz (vgl. S. 39), *Rückkehr* und *Anrufung des großen Bären* von Ingeborg Bachmann.

7.4.2.6. Das *lyrische Paradoxon*. Der moderne Lyriker geht davon aus, daß dem widersprüchlichen Charakter der Gegenwart nur paradoxe Formulierungen entsprechen können, und er erwartet, daß solche »widersprüchlichen Wortprägungen«, die die Vereinigung des Unvereinbaren auf höherer Ebene bezwecken, den »produktiven Widerspruch des Lesers« herausfordern.[62]

Das Paradoxon, oft nur scheinbarer Widerspruch, desgleichen auch das Oxymoron (Verbindung widerstreitender Begriffe wie etwa »bittersüß« und »Heilgift«) evozieren eine über das Alltägliche hinausreichende Assoziationskette, die eine neue Wirklichkeit hinter der Wirklichkeit schafft. Wir finden das Paradoxon schon bei Hölderlin im *Patmos*-Gedicht: »Nah ist und schwer zu fassen der Gott«, in der modernen Lyrik z. B. bei Paul Celan in seiner berühmten *Todesfuge*: »Schwarze Milch der Frühe«, die abends getrunken wird. »Wir schaufeln ein Grab in den Lüften.« Ingeborg Bachmann schreibt: »Mir blaut dein für immer geschlossenes Aug.«[63]

7.4.2.7. Die *Montage*, neuerdings häufiger: *Collage*. Aus der Bildmischung der Filmtechnik und Fotomontage in den Bereich der Literatur übernommener Begriff, der das Zusammenfügen sprachlicher, stilistischer und inhaltlicher Teile unterschiedlicher Herkunft bezeichnet. Diese häufig mit dem Überraschungseffekt arbeitende Technik findet sich in allen Literaturgattungen, in der Lyrik z. B. bei Benn und Hans Magnus Enzensberger, im Roman etwa bei Döblin

Berlin Alexanderplatz) und in der Dramatik in dem *Marat*-Drama von Peter Weiss. Das Prinzip der Collage ist das Prinzip der Machbarkeit, dem die Zerschlagung des Gegenstandes (als Folge der Bedeutungsentleerung der Dinge) und die freie Montage seiner Teile zugrunde liegen. Bei Benn besteht die Montage-Technik darin, daß er die Bruchstücke zu sprunghaften Kombinationen, die durch ihre Fremdartigkeit wirken, »faszinierend montiert«; es entsteht eine Art Sprachalchemie, die er selbst als »prismatischen Stil« bezeichnet[64]. Beispiele dafür sind seine Gedichte *Fragmente* und *Bauxit*. Berühmt ist Enzensbergers Montagetechnik im Gedicht *Bildzeitung*: »manitypistin stenoküre« aus »maniküre stenotypistin«. Nicht selten wird die Montage aber auch durch willkürliche Reihung unvereinbarer Elemente (»Mischmasch-Montage«[65]) mißbraucht. Abschließend dazu Walter Höllerers Stellungnahme: »Das Montagegedicht sucht die für Kitsch und Phrase unangreifbare Keuschheit der kleinen sprachlichen Einheiten zu entdecken. Sie spielen zwischen den Maschen der großtönenden Reden ihr nicht unterliegendes Fest.«[66]

7.4.3. Polarität und Ambivalenz (Doppelwertigkeit)

Gegensätzliche Aussagen von gleicher Gültigkeit sind häufig ein weiteres Kennzeichen moderner Lyrik. In der dissonanten Spannung des modernen Gedichts kontrastieren in sich widersprüchliche Phänomene wie:
- die Beschwörung der Sprachmagie des Wortes und die Präzision des Wortes als Ausdruck nüchternen Benennens;
- Züge archaischer, mystischer Herkunft und scharfe Intellektualität;
- einfache Aussageweise und Kompliziertheit des Ausgesagten;
- fast mystische Sprachgläubigkeit und Sprachnot, radikaler Sprachzweifel;

- lakonisch verkürztes und »langes« Gedicht (Walter Höllerer);
- Paul Valérys Satz »Ein Gedicht soll ein Fest des Intellekts sein«[67], auf der anderen Seite André Bretons surrealistisches Glaubensbekenntnis »Ein Gedicht soll der Zusammenbruch des Intellekts sein.«[68]

Moderne Lyrik gleicht nicht selten einem unverbindlichen Spiel mit Worten, Silben und Lauten (im absoluten Gedicht), andererseits kann sie das Produkt einer der wissenschaftlich-experimentellen Laborarbeit vergleichbaren Tätigkeit sein.

Solche Antinomien, in denen widersprüchliche Aussagen im Sinne eines polaren »Spannungsgefüges« (Herman Nohl) gleichberechtigt nebeneinanderstehen, bestimmen über die moderne Literatur hinaus weitgehend das heutige Weltbild. Schon García Lorca bekannte sich zu dem Satz: »Ich befinde mich auf einer poetischen Ebene, wo das Ja und das Nein der Dinge gleichermaßen wahr ist.«[69]

7.4.4. Sprachimpulsen folgende Wortspielkunst

Schon Mallarmé hatte gefordert: »Den Anstoß der Sprache überlassen!«[70] Und so bestimmt in der modernen Lyrik nicht immer der Dichter das Wort, sondern häufig lenkt auch das Wort den Dichter, den im Wort liegenden tieferen Sprachimpulsen zu folgen. Es dient damit nicht nur der Welterhellung, sondern leistet (gemäß Heideggers Wort »Sprache stiftet Sein«) auch »Welt-Erstellung«. Ein typisches Beispiel für solche »Wortspiellogik« ist das Gedicht *Logos* von Erich Fried (S. 51).

In diesem Zusammenhang darf auf den Dadaismus hingewiesen werden. So gelangt etwa Hans Arp, sich den von einem Wort ausgehenden geheimen Potenzen überlassend, zu ganz neuen Wortbildungen bzw. Wortverformungen, z. B. in dem Gedicht *das bezungte brett*: das Wort »abhanden« wandelt er um zu »abfußen«, aus »acht und bann« wird

30

neun und zehn« gefolgert, von »übermannt« kommt er zu
überfraut«, von »einzahl, mehrzahl« zu »Rübezahl«.[71]

7.4.5. Enzensbergers »zu entwerfende Poetik«

In seinem *Museum der modernen Poesie* (1960) versucht
Hans Magnus Enzensberger, gleichsam alle Stilzüge moderner Lyrik stichwortartig zusammenfassend, einige ihrer
Gesetzlichkeiten auszumachen: »Was man zu kennen
glaubt: Montage und Ambiguität [= Mehrdeutigkeit]; Brechung und Umfunktionierung des Reims; Dissonanz und
Absurdität; Dialektik von Wucherung und Reduktion;
Verfremdung und Mathematisierung; Langverstechnik, un-
regelmäßige Rhythmen; Anspielung und Verdunkelung;
Wechsel der Tonfälle; harte Fügung; Erfindung neuartiger
metaphorischer Mechanismen; und Erprobung neuer syn-
aktischer Verfahren.«
Er meint abschließend, daß die Texte selbst darüber ent-
cheiden, wieweit diese Stichwörter und Kategorien brauchbar seien: »Allemal behält ja das Gedicht gegen seine Aus-
leger recht.«[72]

7.4.6. Die Sprache der modernen Lyrik

Der moderne Lyriker ist ja ein poeta doctus«[73]; er »kann
gar nicht genug wissen«, sagt Gottfried Benn[74], der diese
Feststellung vom »gelehrten Dichter« auch gleich mit einer
Fülle technischer, fachwissenschaftlicher und mythologi-
scher Ausdrücke und Neuwörter in seiner eigenen Lyrik
belegt. Zur Bewältigung der neuen Wirklichkeiten greift der
moderne Autor auf naturwissenschaftliche und philosophi-
sche Terminologien, auf Neubildungen aus dem Kunst-,
Wissenschafts- und Militär-Bereich ebenso wie auf das Zei-
ungs- und Amtsdeutsch zurück. Daneben finden sich (vor
llem bei Benn, Rühmkorf und Heißenbüttel) ganze fremd-

31

sprachliche Redewendungen und Sätze. So heißt es in dem
Gedicht *Verlorenes Ich* von Gottfried Benn:

> Verlorenes Ich, zersprengt von Stratosphären,
> Opfer des Ion-: Gamma-Strahlen-Lamm –
> Teilchen und Feld –: Unendlichkeitsschimären
> auf deinem grauen Stein von Notre-Dame
> [. . .]

Eine sprachliche Bereicherung ist die Einbeziehung der Dialektsprachen in die Gegenwartsliteratur. Beispielhaft für die Erneuerung lyrischer Sprache durch den Dialekt: die Texte der Wiener und der Grazer Gruppe mit Autoren wie H. C Artmann, Gerhard Rühm, Ernst Jandl und Friedrich Achleitner, epochemachend geradezu Artmanns Gedichtsammlung *med ana schwoazzn dintn* (1958).

Gottfried Benn hatte schon 1951 (*Probleme der Lyrik*) darauf hingewiesen, daß der Sprachvorrat des modernen Lyrikers auch aus »Slang-Ausdrücken, Argots, Rotwelsch [. . .], ergänzt durch Fremdworte, Zitate, Sportjargon, antike Reminiszenzen« bestehe.[75] Heute sind dazu auch Ausdrücke aus der Gassen- und Landsersprache, aus dem Bereich des Animalischen und Obszönen in die zeitgenössische Literatur eingegangen. Es gibt auf sprachlichem Gebiet keine Tabus mehr (vgl. z. B. Enzensbergers Gedicht *Die Scheiße*, S. 64).

Auch der Surrealismus hatte schon früher versucht, »durch Erweiterung des Alphabets« in sprachliches Neuland vorzustoßen: »Wir haben das Alphabet aufgeschlitzt, das seit Jahrhunderten in seinen verkalkten vierundzwanzig Buchstaben hockte, haben in seinen Bauch neunzehn neue Buchstaben hineingesteckt (Einatmen, Ausatmen, Lispeln, Röcheln, Grunzen, Seufzen, Schnarchen, Rülpsen, Husten Niesen, Küssen, Pfeifen usw.).«[76]

Es überrascht nicht, daß sich die neue Lyrik auch neue Sprachformen schafft. Die überkommene Normalsyntax, der herkömmliche Satz aus Subjekt, Prädikat, Objekt und

Formwörtern (Präpositionen, Konjunktionen usw.) wird weitgehend entmachtet und das Verb oft ganz eliminiert, so daß man fast schon von einer Satzfeindschaft sprechen kann. Bereits Gottfried Benn hatte gefordert: »Vor allem Verben fort. Alles um ein Substantiv werfen, Türme errichten aus Hauptworten.«[77]

Großschreibung und Satzzeichen werden weithin abgelehnt, Wörter, Satzteile und ganze Sätze ohne Formwörter beziehungslos nebeneinandergesetzt; Einschübe werden als solche nicht kenntlich gemacht, das Wichtigste wird oft ausgespart (Neigung, in Satzellipsen zu sprechen), wodurch u. a. Mehrdeutigkeit und ein Schwebezustand der Aussage angestrebt werden.

Lakonismus und »gedrosseltes Sprechen« (Karl Krolow) – vgl. auch Hilde Domins Wort »Lerne zu schweigen in der Sprache!«[78] – sind der Grund für die wachsende Tendenz zu Kurzgedichten von manchmal nur zwei oder drei Zeilen (vgl. Christa Reinig: *Briefschreibenmüssen*, S. 105). In der konkreten Poesie (vgl. S. 81 ff.) gewinnt sogar das einzelne Wort, oft ohne Beziehungswort neben ein anderes gesetzt, so an Bedeutung, daß man solche knappen Wortkonstellationen als »Miniaturdramen« (Eugen Gomringer) bezeichnen konnte.

Was die hermetische Lyrik betrifft, so sind die das Verständnis der Dichtung erschwerenden Stilmittel aus dem seit der Jahrhundertwende immer offenbarer werdenden Sprachverfall (vgl. Hugo von Hofmannsthal: *Chandos-Brief*) zu verstehen.

7.4.7. Neue lyrische Formen der sechziger und siebziger Jahre

Von der Mitte der sechziger Jahre an beobachten wir einen Geschmackswandel, einen »Wandel in der Ausdrucksgesinnung« (Peter Rühmkorf), gekennzeichnet durch die Abkehr von der bis dahin vorherrschenden Metaphorik, der magischen Naturlyrik, der artistisch-hermetischen Dichtung und der surrealistischen Bildersprache. Nicolas Born, neben Rolf

Dieter Brinkmann einer der bedeutendsten Autoren der Postmoderne, fordert: »Weg von Symbol, Metapher, von allen Bedeutungsträgern; weg vom Ausstattungsgedicht, von Dekor, Schminke und Parfüm.«[79] Der Tod Paul Celans und Nelly Sachs' 1970 steht fast symbolisch für den endgültigen Abschluß dieser Lyrikformen. Galt bis zu dieser Wende noch weithin der Satz Baudelaires »Ein Gedicht soll nichts im Auge haben als sich selber«[80], so kommt es nunmehr zu einer fast radikalen Abkehr von diesem Lyrik-Ideal, dem man – als einem »abgetakelten spätbürgerlichen Popanz«[81] – Flucht in die Selbstgenügsamkeit eines artistischen Formalismus sowie Realitätsblindheit vorwirft.

Der Beginn dieser Entwicklung, von Michael Zeller geradezu als »Kulturrevolution« bezeichnet[82], bedeutete zugleich das Ende der Gültigkeit des fast zwanzig Jahre dominierenden »Poetologie-Lehrbuchs« von Hugo Friedrich (*Die Struktur der modernen Lyrik*), von dessen »irrationalistischem Literatur-Programm mit all seiner verheerenden Unterschätzung der konkreten Wirklichkeit zugunsten zerebraler Konstrukte« man sich nun mit aller Entschiedenheit distanziert.[83] Walter Höllerer, neben Peter Rühmkorf, Hans Magnus Enzensberger und Peter Hamm einer der Wortführer der neuen Literatur-Richtung, übt vor allem Kritik an der starr gewordenen Metaphorik und an der »erzwungenen Preziosität und Chinoiserie«[84] der deutschen Nachkriegslyrik.

Schon gegen Ende der sechziger Jahre erreicht die mit der Hinwendung zur gesellschaftlichen Wirklichkeit einhergehende Politisierung der Literatur ihren Höhepunkt. Kennzeichen dieser neuen Lyrik sind Ironisierung der herrschenden gesellschaftlichen Verhältnisse, soziales und politisches Engagement, Aggressivität und das Streben nach einer neuen Gegenständlichkeit und Weltoffenheit, nach einer »nachmetaphorischen Schreibweise«[85].

Als in dieser Entwicklungsphase der Literatur vorherrschende bzw. sich neu bildende Lyrikformen gelten insbesondere die spielerisch-groteske Lyrik, das lakonische und das »lange« Gedicht, die politische Lyrik, die konkrete Poesie, das neue Erzählgedicht und die lyrische Dichtung der »Postmoderne«.

7.5. Formen, Strukturen und Inhalte der modernen Lyrik

Es hat nicht an Versuchen gefehlt, die Mannigfaltigkeit der Erscheinungen moderner Lyrik durch Aufgliederungen in besondere Stiltypen bzw. Strukturformen überschaubarer zu machen.[86] Die folgende Aufgliederung moderner, zeitgenössischer Lyrik in *zehn* Gedichtformen versucht, diese Vorschläge gleichsam auf einen Nenner zu bringen und bis in die achtziger Jahre fortzuführen:

1. Das traditionalistische Gedicht nach 1945 (Rudolf Alexander Schröder, Hans Carossa, Werner Bergengruen, Reinhold Schneider, Albrecht Goes, Rudolf Hagelstange, Hans Egon Holthusen) und seine Überwindung durch eine »neue Sageweise« (Nelly Sachs, Friedrich Georg Jünger, Marie Luise Kaschnitz, Hilde Domin, Christine Lavant, Christine Busta);

2. das naturmagische Gedicht (Wilhelm Lehmann, Georg Britting, Elisabeth Langgässer, Oda Schaefer, Horst Lange; in ihren Anfängen auch Peter Huchel, Günter Eich, Karl Krolow, Johannes Bobrowski, Heinz Piontek);

3. die hermetische Lyrik, Artistik und Sprachmagie des »goldenen Lyrik-Jahrzehnts« (Gottfried Benn, Peter Huchel, Günter Eich, Karl Krolow, Paul Celan, Ilse Aichinger, Heinz Piontek, Ingeborg Bachmann, Johannes Poethen, Walter Helmut Fritz);

4. die surrealistisch beeinflußte Lyrik (Yvan Goll, Hermann Kasack, Ernst Kreuder, Ernst Meister, Max Hölzer, Paul Celan).

Nach diesen etwa bis in die Mitte der sechziger Jahre vorherrschenden vier Hauptformen lyrischer Aussageweise (die natürlich auch bis in die jüngste Gegenwart fortwirken) entwickeln sich in den darauf folgenden Jahren die oben genannten neueren Gedichtformen:

5. die spielerisch-groteske Lyrik, die das Bedürfnis nach spielerischem Umgang mit dem Wort ebenso kennzeichnet wie der Wunsch, sich von der hochartifiziellen Phase des hermetischen Gedichts zu befreien (Hans Arp, Elisabeth Borchers, Günter Grass, Günter Bruno Fuchs, Peter Härtling, Christoph Meckel);

6. das lakonische und das »lange« Gedicht. Der Lakonismus bedeutet die Reduktion des lyrischen Gedichts auf wenige Verszeilen von äußerster Form- und Sinnverdichtung – etwa nach dem Vorbild des späten Brecht in seinen *Buckower Elegien* (Günter Eich, Erich Fried, Christa Reinig, Günter Kunert, Reiner Kunze); das »lange« Gedicht soll (nach Walter Höllerer) das artistische Gedicht mit seiner Neigung zum Verstummen (Paul Celan!) ablösen und durch das offene, weiträumige und realitätsbezogene Gedicht ersetzen (Walter Höllerer, Friederike Mayröcker, Günter Kunert, Günter Herburger, Ursula Krechel);

7. die politische Lyrik und Agitationslyrik. Das politische Gedicht erlebte seit dem Vietnam-Krieg und den Studentenunruhen 1968 eine vielleicht nur der politischen Lyrik des Vormärz vergleichbare Blütezeit (Bertolt Brecht, Stephan Hermlin, Erich Fried, Wolfgang Biermann, Christa Reinig, Günter Grass, Günter Kunert, Hans Magnus Enzensberger); die eher plakative Agitationslyrik ist kurzlebiger (Wolfgang Neuss, Peter Schütt, Diederich Hinrichsen, Uwe Wandrey, Uwe Timm, Martin Jürgens);

8. die konkrete und experimentelle Poesie, die radikalste Form der Reduktion, da sie auf den Mitteilungs- und Aussagecharakter der Sprache verzichtet und die Sprache nur noch als »konkretes« Material verwendet (Helmut Heißenbüttel, Eugen Gomringer, Franz Mon, Timm Ulrichs und Autoren der Wiener bzw. der Grazer Gruppe wie H. C. Artmann, Ernst Jandl, Gerhard Rühm, Friedrich Achleitner);

9. das neue Erzählgedicht, eine epische Form des Lyrischen, die gleichsam die Nachfolge der »um die Jahrhundertwende zu Tode strapazierten« Ballade[87] antritt (Georg

von der Vring, Bertolt Brecht, Peter Huchel, Karl Krolow, Heinz Piontek, Christa Reinig);

10. die lyrische Dichtung der »Postmoderne« (von Hanns-Josef Ortheil auch »Literatur des kybernetischen Zeitalters« genannt), die etwa in der zweiten Hälfte der siebziger Jahre im Zeichen einer neuen Sensibilität und Subjektivität eine neue Blütezeit der Lyrik einleitet (Günter Herburger, Jürgen Becker, Nicolas Born, Rolf Dieter Brinkmann, Peter Handke, Karin Kiwus, Jürgen Theobaldy, Ulla Hahn).

Die Zuordnung der Autoren zu den einzelnen Gedichtarten vermag selbstverständlich nur erste Anhaltspunkte zu vermitteln; keinesfalls möchte das obige Einteilungsprinzip einen Autor in ein vorgegebenes Schema pressen.

7.5.1. Das traditionalistische Gedicht

Diese vom Geist eines christlichen Humanismus, des Weltvertrauens geprägte Dichtung lebt trotz aller Anfechtungen durch die Zeit weiterhin in Übereinstimmung mit den Kräften der Natur und des Alls.

Es handelt sich um Erlebnisdichtung, wobei die Wirklichkeit zumeist in poetischer Überhöhung dargestellt wird. Die Sprache ist gewählt, die Perspektive einheitlich, in der Bauform der Gedichte folgt man herkömmlichen Strukturen und bewegt sich im allgemeinen in den Grenzen traditioneller Poetik.

Wenn diese Dichtung heute auch oft auf Ablehnung stößt und sich in ihren Inhalten, ihrer Sprache und Form manch epigonaler Zug findet, so ist sie doch auch heute noch aus der Gegenwartslyrik nicht wegzudenken. Das Einmalige der realen Welt wird als Symbol des Unvergänglichen erlebt.

Ein Beispiel für diese Lyrik ist das Gedicht *Die Häherfeder* von Günter Eich (S. 20), desgleichen das folgende Gedicht von Dagmar Nick:

Lied

Ach, in der Liebe zu sein und in Träume verschlungen,
flügellos über dem Abgrund und leichter als Licht,
und wie überwältigend in deinen Zauber gezwungen
und wie verwandelt vor deinem Gesicht.

Daß nur ein einziges Lächeln vor dir eine Lichtung
in mein verdunkeltes Herz schlug – das hast du gewußt?
Ach, in der Liebe zu sein und so nah der Vernichtung,
immer so nah dem Verlust!

Im Gegensatz zu den auf Seite 35 genannten Traditionalisten gelingt einer ursprünglich ebenfalls traditionell schreibenden Gruppe von Autoren, vornehmlich Lyrikerinnen, eine »neue Sageweise«. Diese Autoren verzichten in der Folge weitgehend auf herkömmliche Stilmittel und sind um reduzierte Sprechweise, um Verknappung und »Drosselung der Lyrizität« bemüht.[88]
Von Marie Luise Kaschnitz z. B. sagt Hans Schwerte: »Als erstaunlichstes Beispiel der Selbstüberwindung eigener lang-geübter Tradition in die moderne Sprachfigur muß [. . .] M. L. Kaschnitz gelten; sie zeigt in ihrem Lyrikwerk diesen epochalen Schnitt geradezu exemplarisch.«[89] In ähnlicher Weise trifft das auch für Nelly Sachs, Hilde Domin, Christine Lavant und Christine Busta zu, so verschieden sie auch im einzelnen in ihrem Schaffen sein mögen. Alle diese Schriftstellerinnen nähern sich mit ihrer Aussage dem Umkreis dessen, was als hermetische, sprachmagische Dichtung bezeichnet wird. Das durch seinen Perspektivenwechsel bekannt gewordene Gedicht *Genazzano* von Marie Luise Kaschnitz folge hier als Beispiel:

Genazzano

Genazzano am Abend
Winterlich
Gläsernes Klappern
Der Eselshufe
Steilauf die Bergstadt.
Hier stand ich am Brunnen
Hier wusch ich mein Brauthemd
Hier wusch ich mein Totenhemd.
Mein Gesicht lag weiß
Im schwarzen Wasser
Im wehenden Laub der Platanen.
Meine Hände waren
Zwei Klumpen Eis
Fünf Zapfen an jeder
Die klirrten.

Ab Zeile 6 vollzieht sich der Perspektivenwechsel zwischen dem
realen Ich der Autorin und dem irrealen Ich einer Dorfarmen, in das
sie vorübergehend hineinschlüpft. Von Zeile 12 an kehrt das lyrische
Ich zu sich selbst zurück, ins Anschauen versunken.

Als zweites Beispiel ein Gedicht von Nelly Sachs:

Schmetterling

Welch schönes Jenseits
ist in deinem Staub gemalt.
Durch den Flammenkern der Erde,
durch ihre steinerne Schale
wurdest du gereicht,
Abschiedswebe in der Vergänglichkeiten Maß.

Schmetterling
aller Wesen gute Nacht!
Die Gewichte von Leben und Tod

senken sich mit deinen Flügeln
auf die Rose nieder
die mit dem heimwärts reifenden Licht welkt.

Welch schönes Jenseits
ist in deinen Staub gemalt.
Welch Königszeichen
im Geheimnis der Luft.

7.5.2. Das naturmagische Gedicht

In der Nachfolge Oskar Loerkes und seiner *Pansmusik*
(1916) entsteht schon in der Zeit kurz vor dem Zweiten
Weltkrieg eine neue Naturlyrik, die nichts mehr mit her-
kömmlicher, gefühlsbestimmter Naturpoesie zu tun hat, in
der sich Natur im Menschen »widerspiegelt«. In dieser
Dichtung wird Natur als eine mythisch-magische Kraft, als
eine dem Menschen fremde, ihn übersteigende höhere
Lebensordnung erfahren, in der der Mensch nicht mehr das
Maß ist, sondern nur noch Kreatur neben anderen Kreatu-
ren. Der Mensch »wandert in die Wesen aus« und möchte
von der Kreatur eine Bestätigung seines Wesens erfahren:
»Sprich mich wie den hagern Baum, singe du mich Staren-
schwarm!« (Wilhelm Lehmann).[90] Die Dichtung Lehmanns,
des aus Holstein stammenden Haupts dieser mehr im stillen
wirkenden Naturlyrik, ist »eine ununterbrochene Poesie
von den inneren Anschauungsformen der Natur, die von der
äußeren Erscheinung jeweils bestätigt werden müssen«[91].
Über den engeren Kreis der eigentlichen Naturlyriker (vgl.
S. 35) hat noch eine ganze Gruppe von bedeutenden Autoren zumindest vorübergehend im Bann dieser Naturlyrik
gestanden, es seien hier nur Peter Huchel, Günter Eich, Karl
Krolow genannt. Als Beispiel je ein Gedicht von Wilhelm
Lehmann und Günter Eich:

Wilhelm Lehmann: Hier

Wenn Mittag den Duft noch spürt
Von Mädesüß und Kamille
Graben Schatten den Weg. Er führt
zur Hadesstille.

Schatten, unter die Bäume gepreßt.
Zu gilben rührt die Blätter Gelüsten.
Mit Funken zerstiebt der Sommerrest,
Bluthänflingsbrüsten.

Suche, Demeter, die Entrückte
Nicht in Pisa und Hermione –
Hier, wo sie Kamille, Mädesüß pflückte,
Schwand Persephone.

Die Stimmung des Abschieds, die im Naturbild noch bevorsteht, im
mythologischen Teil der dritten Strophe bereits vollzogen ist, ver-
bindet die beiden Teile des Gedichts, dessen Grundelement die
zeitlose Wirklichkeit ist. Zur Mythologie: Die von Hades in sein
Totenreich entführte Persephone ist die Tochter der Demeter, der
Göttin des Ackerbaues.

Günter Eich: Ende eines Sommers

Wer möchte leben ohne den Trost der Bäume!

Wie gut, daß sie am Sterben teilhaben!
Die Pfirsiche sind geerntet, die Pflaumen färben sich,
während unter dem Brückenbogen die Zeit rauscht.

Dem Vogelzug vertraue ich meine Verzweiflung an.
Er mißt seinen Teil von Ewigkeit gelassen ab.
Seine Strecken
werden sichtbar im Blattwerk als dunkler Zwang,
die Bewegung der Flügel färbt die Früchte.

Es heißt Geduld haben.
Bald wird die Vogelschrift entsiegelt,
unter der Zunge ist der Pfennig zu schmecken.

Nach antiker Vorstellung ist der Pfennig das unter die Zunge gelegte
Fahrgeld über den Totenfluß; hier bedeutet er den Vorgeschmack
des Todes.

Günter Eich wendet sich später schroff gegen das »ewig
nachgestammelte Naturgeheimnis« dieser Lyrik-Kategorie:
»Nachtigallen kann auf die Dauer nur ertragen, wer schwer-
hörig ist.«[92] Auch Karl Krolow nimmt schon früh – in
seinem 1952 geschriebenen Gedicht *Terzinen vom früheren
Einverständnis mit aller Welt* – gleichsam Abschied vom
»verlorenen Paradies« der grünen Welt dieser naturmagischen Gedichte: »Die schöne Stille der Gewächse« war »zer-
brechlich wie die Fabel Welt«. Klaus Jeziorkowski bemerkt
zu diesem Krolow-Gedicht: »Das Naturgedicht, das Paradies, das grüne Idyll sind verloren. Sie waren festgehalten
worden gegen die Erfahrungen der historischen Katastrophe
unserer dreißiger und vierziger Jahre, sozusagen zur Rettung. Ein halbes Jahrzehnt nach Weltkriegsende ist auch
diese grüne Betäubung – ›Benommenheit‹ sagte Krolow
selbst – zu Ende.«[93] (Man vergleiche diese Naturlyrik mit
dem ironisch-lakonischen Naturgedicht Krolows *Neues
Wesen* auf Seite 123.)

7.5.3. Das hermetische Gedicht

Eines der bedeutenden Vorbilder dieser von Dunkelheit,
vieldeutiger Chiffrensprache, Artistik und oft faszinierender
Sprachmagie bestimmten sprachmächtigen Lyrik ist Gottfried Benn. Diese Dichtung evoziert eine jenseits der Erfah-
rung liegende Wirklichkeit mit all den Mitteln, die im Kapitel über den Hermetismus (S. 24 ff.) bereits genannt worden
sind. Ihr verdankt die deutsche Lyrik den ungeahnten Aufschwung in den fünfziger und sechziger Jahren. Dichter wie

Gottfried Benn, Nelly Sachs, Peter Huchel, Günter Eich, Karl Krolow, Paul Celan, Walter Höllerer, Heinz Piontek, Ingeborg Bachmann und Walter Helmut Fritz verschafften ihr internationales Ansehen. Dennoch konnte der Lyrik dieses »goldenen Jahrzehnts« schon 1966 der Vorwurf gemacht werden, sie stecke tief in einem neuen Akademismus. »Sie hat mit unserer Realität [...] nichts mehr zu tun. Sie lebt von Konventionen, von Übereinkünften, von einem festgelegten poetischen Inventarium, einem Kanon, der bei Kennern ganz bestimmte Gedanken auslöst, bei Nichteingeweihten auf Verständnislosigkeit, zumindest auf ein Gefühl der Befremdlichkeit [...] stößt.«[94] Und Clemens Heselhaus stellt klar: »Der Widerspruch zwischen Unterwerfung unter die Bedürfnisse der Massengesellschaft und der völligen Negation dieser Bedürfnisse durch die großen Lyriker durchzieht die gesamte moderne Lyrik in Deutschland.«[95]

Kein anderer als Gottfried Benn selbst beklagte in seinem Gedicht *Die Gitter* »die Situation des eingemauerten hermetischen Dichters«[96]: »Die Gitter sind verkettet, / ja mehr: die Mauer ist zu –: / du hast dich zwar gerettet, / doch *wen* rettetest du?«[97] Hans Dieter Schäfer spricht von einem »ästhetischen Erstarrungsprozeß des hermetischen Gedichts« als einer der Voraussetzungen für die Neuorientierung in der Lyrik der sechziger Jahre.[98]

Die Diskussion um eine gerechte Würdigung dieser Lyrik ist bis heute nicht verstummt. Otto Knörrich weist auf »eine Traditionslinie dichterischer Magie« hin, die zumindest »bis zum magischen Idealismus des Novalis zurückreicht«. Diese zaubrische Poesie benützt das dichterische Wort, »um auf dem Wege der Evokation und Suggestion« geistige Wirkungen zu erzielen, »Gestimmtheiten, Erregungszustände [...], in denen das banale Dasein, das vordergründige Weltverständnis durchbrochen wird«. Magisches Sprechen »transzendiert die Realzusammenhänge, es versetzt die Inhalte in einen Geheimniszustand, verfremdet die Welt ins Unvertraute, d. h. ins ›Höhere, Unbekannte, Mystische, Unendliche‹, wie Novalis sagt, um sich im Verzicht auf das direkte Benennen dem zu nähern, das nicht direkt benannt werden kann«[99].

Es folgen vier Beispiele:

Gottfried Benn: Welle der Nacht

Welle der Nacht – Meerwidder und Delphine
mit Hyakinthos' leichtbewegter Last,
die Lorbeerrosen und die Travertine
wehn um den leeren istrischen Palast,

Welle der Nacht – zwei Muscheln miterkoren,
die Fluten strömen sie, die Felsen her,
dann Diadem und Purpur mitverloren,
die weiße Perle rollt zurück ins Meer.

Hyakinthos: der Freund Apolls; aus seinem Blut entsproß die Hyazinthe; *Travertin:* Gesteinsart; der *istrische Palast:* Anspielung auf das Schloß Miramar, erbaut für Maximilian, den späteren Kaiser von Mexiko, der dort Macht (Diadem und Purpur) und Leben verlor.

Ingeborg Bachmann: Die gestundete Zeit

Es kommen härtere Tage
Die auf Widerruf gestundete Zeit
wird sichtbar am Horizont.
Bald mußt du den Schuh schnüren
und die Hunde zurückjagen in die Marschhöfe.
Denn die Eingeweide der Fische
sind kalt geworden im Wind.
Ärmlich brennt das Licht der Lupinen.
Dein Blick spurt im Nebel:
Die auf Widerruf gestundete Zeit
wird sichtbar am Horizont.

Drüben versinkt dir die Geliebte im Sand,
er steigt um ihr wehendes Haar,
er fällt ihr ins Wort,
er befiehlt ihr zu schweigen,

er findet sie sterblich
und willig dem Abschied
nach jeder Umarmung.

Sieh dich nicht um.
Schnür deinen Schuh.
Jag die Hunde zurück.
Wirf die Fische ins Meer.
Lösch die Lupinen!

Es kommen härtere Tage.

Ein existentielles Gleichnis für den unausweichlichen Aufbruch ins
Nichtversicherbare, für den hoffnungslosen Weg an die Grenze –
unter Zurücklassung alles dessen, was einem lieb geworden ist.

Paul Celan

FADENSONNEN
über der grauschwarzen Ödnis.
Ein baum-
hoher Gedanke
greift sich den Lichtton: es sind
noch Lieder zu singen jenseits
der Menschen.

Dies Gedicht an der Grenze des Verstummens, das eine Steigerung
vom (für uns unsichtbaren) Gegenständlichen der Fadensonnen über
Gedankliches bis zum (den Menschen verschlossenen) Kunstbereich
des Liedes erkennen läßt, ist kein Lied, vielmehr »die Stätte der
Verweigerung all dessen, was es nennt«[100].

WEGGEBEIZT vom
Strahlenwind deiner Sprache
das bunte Gerede des An-
erlebten – das hundert-
züngige Mein-
gedicht, das Genicht.

Aus-
gewirbelt,
frei
der Weg durch den menschen-
gestaltigen Schnee,
den Büßerschnee, zu
den gastlichen
Gletscherstuben und -tischen

Tief
in der Zeitschrunde
beim
Wabeneis
wartet, ein Atemkristall,
dein unumstößliches Zeugnis.

Ein Gedicht gegen die »Machenschaften der Mache«[101] mancher
modernen Lyriker, die keine Gedichte, sondern »Genichte« schreiben. Es wendet sich gegen artifizielle Spielerei und fordert – statt des
Geredes – das unumstößliche Zeugnis des Dichters, seinen Weg
durch den »Büßerschnee«, bis ihm im »Atemkristall« das organisch
gewachsene, reine Kunstwerk gelingt. Das *Meingedicht:* von ahd.
mein, »falsch«.

7.5.4. Das surrealistisch beeinflußte Gedicht

Der Surrealismus ist eine in den zwanziger Jahren (unter
dem Einfluß der Psychoanalyse Sigmund Freuds) in Frankreich entstandene avantgardistische Kunst- und Literatur-
richtung. Diese Bewegung glaubt, daß die eigentliche Wirklichkeit nicht mit traditionellen Erkenntnismitteln zu begrei-
fen, daß sie vielmehr in den unbewußten Tiefenschichten der
Seele zu suchen ist.
Der Surrealismus läßt die Welt des Traumes und die dämo-
nischen Zerr- und Schreckbilder aus den Triebschichten des
Unterbewußtseins in die wirkliche Welt hereinspielen,
wobei die Grenze zwischen Wirklichem und Unwirklichem,

zwischen Realität und wahnhaften Visionen, zwischen verborgenen Inspirationsquellen, spontanen Assoziationen und durch Drogen herbeigeführten Bewußtseinserweiterungen aufgehoben scheint. Diese Literatur verzichtet auf Logik, Syntax und kunstvolle Gestaltung; sie glaubt an die Allmacht des Traumes, an einen psychischen Automatismus, an das Diktat des Denkstroms aus dem Unbewußten ist nach den Worten ihres Mitbegründers André Breton überzeugt, daß es die höchste Aufgabe der Poesie sei, »zwei möglichst weit voneinander gelegene Dinge zu vergleichen, sie auf schroffe und besitzergreifende Art gegenwärtig zu machen«[102]. Nach diesem Prinzip arbeitet auch einer der entschiedensten deutschsprachigen Vertreter des Surrealismus, Max Hölzer, wenn er in seiner *Ode an André Breton* schreibt: »Die Wärme des Zufalls wird aus Obsidianschalen strömen / Die Zustimmung des Opfer ist schön wie eine Iris-Blende die sich schließt / Oder die Himmelfahrt der Tollkirsche / Ich öffne mit dem Schlüssel den ich in der Luft drehe / Und der Zukunftsträuße zeugt mit dem Farnkraut der Dämmerung . . .«[103]

Im Gegensatz zum revolutionären Programm der französischen Literatur handelt es sich in den deutschen Gedichten dieser Gattung meist nur um eine vom Surrealismus übernommene Technik, die vor allem darin besteht, reale Bestandteile des gegenständlichen Lebens aus den gewohnten Zusammenhängen herauszureißen und sie zu Traumbildern zusammenzustellen.

Die Grenzen zwischen der hermetischen Dichtung der fünfziger und sechziger Jahre und der surrealistischen Lyrik, deren Technik im Grunde auf der Aufhebung des alten Satzes vom Widerspruch (principium contradictionis) beruht, sind fließend.

Die meisten Lyriker, die wie Paul Celan, Ernst Meister, z. T. auch Günter Eich und Karl Krolow ihre Gedichte zunächst unter dem Einfluß des Surrealismus geschrieben hatten, wandten sich in ihrem späteren Hauptwerk – im Gegensatz etwa zu Yvan Goll und Max Hölzer – fast ausschließlich der hermetischen Richtung der Lyrik zu.

Ein Beispiel, das surrealistischer Bildtechnik nahekommt, ist
Günter Eichs (leicht ironisierendes) Gedicht

Wo ich wohne

Als ich das Fenster öffnete,
schwammen Fische ins Zimmer,
Heringe. Es schien
eben ein Schwarm vorüberzuziehen.
Auch zwischen den Birnbäumen spielten sie.
Die meisten aber
hielten sich noch im Wald
über den Schonungen und Kiesgruben.

Sie sind lästig. Lästiger aber sind noch
die Matrosen
(auch höhere Ränge, Steuerleute, Kapitäne),
die vielfach ans offene Fenster kommen
und um Feuer bitten für ihren schlechten Tabak.

Ich will ausziehen.

Ein »Sich-fremd-Fühlen« in vertrauter Gegend? Eine enttäuschte
Erwartung, bedingt durch das Hereinbrechen dieser surrealen
Unterwasserwelt, die eine abgesunkene unliebsame Vergangenheit
des Dichters heraufzubeschwören scheint, von der er sich befreien
möchte?

Ein anderes Beispiel ist Karl Krolows Gedicht

Verlassene Küste

> »Wenn man es recht besieht,
> so ist überall Schiffbruch.«
> *Petronius*

Segelschiffe und Gelächter,
Das wie Gold im Barte steht,
Sind vergangen wie ein schlechter
Atem, der vom Munde weht,

Wie ein Schatten auf der Mauer,
Der den Kalk zu Staub zerfrißt.
Unauflöslich bleibt die Trauer,
Die aus schwarzem Honig ist,

Duftend in das Licht gegangen,
Feucht wie frischer Vogelkot
und den heißen Ziegelwangen
Auferlegt als leichter Tod.

Kartenschlagende Matrosen
Sind in ihrem Fleisch allein.
Tabak rieselt durch die losen
Augenlider in sie ein.

Ihre Messer, die sie warfen
Nach dem blauen Vorhang Nacht,
Wurden schartig in dem scharfen
Wind der Ewigkeit, der wacht.

Kühne Wie-Vergleiche, surrealistische Metaphorik und alogische Vorstellungen schaffen unerwartete Übergänge zwischen Spiel und Verlassensein, zwischen Honigduft und Vogelkot, zwischen Zeit und Ewigkeit. Das Ganze spiegelt die Ungesichertheit menschlicher Existenz, die unter dem Zeichen unauflöslicher Trauer steht. [104]

7.5.5. Das spielerisch-groteske Gedicht

Das spielerische Gedicht hat durch seine witzigen und phantastischen Spracheinfälle zu einer bis dahin nicht gekannten Auflockerung der Lyrik geführt. Karl Krolow hat dies als ein Ballastabwerfen, als ein Ventil und als einen sanften Übermut bezeichnet. Dieser Gedichttyp sei der »Fluchtversuch aus dem Dickicht der Bedeutungen«, der darauf abzielt, sich aus den »Umschlingungen von Pathos und Dunkel, von Schwermut und Vereinzelung zu lösen«. Daneben aber sei in dieser von intellektueller Heiterkeit getragenen Lyrik »das Bedürfnis nach Spiel, nach verfeinertem Vergnügen am Wort besonders deutlich erkennbar«[105]. Im übrigen sollte sich der Lyriker – meint Krolow – »von Zeit zu Zeit als ein Mann fühlen, der Singvögel unter seinem Hut hält und sie dann im rechten Augenblick in einen eingebildeten Äther entweichen läßt, als ein heiterer Zauberer, dem eine ganze Welt der Imagination zur Verfügung steht, wenn er nur will«[106].

Dabei geht das Spielerische häufig eine Verbindung mit dem Grotesken als dem Ausdruck einer als paradox empfundenen Welt ein: das Groteske gleichsam als eine Übersteigerung des Komischen durch überraschende Zusammenfügung heterogener Elemente, etwa des Komischen mit dem Grausigen oder des Lächerlichen mit dem Schrecklichen, wie es auch für den schwarzen Humor kennzeichnend ist.

Vorbereiter dieses Gedichttyps waren u. a. Christian Morgenstern und der Dadaismus, Vorbild und Meister dieser Kategorie ist der Elsässer Hans Arp. »Im dadaistischen Sprachulk tritt das spielerische Element deutlich hervor.«[107]

Der Bereich des spielerisch-grotesken Gedichts, das der deutschen Nachkriegslyrik einen bis dahin ungeahnten Spielraum geschaffen hat, reicht von der Poesie des Kinderreims bis zur Unsinnspoesie, vom Traumspiel bis zum Absurden, vom Märchenhaften bis zur Parodie, zur lyrischen Groteske und zum lyrischen Kabarett, ja bis zu Kombinations- und Variations-Texten der konkreten Poesie.

Oft entwickelt das Gedicht, das sich nicht nur dem Zufall hingibt, auch eine Eigen-Motorik, »die mehr von sich selber als vom jeweiligen Lyriker in Gang gehalten bleibt«[108]. Ein Wort zieht das nächste nach sich, wie es auch die frühen Gedichte von Hans Arp bezeugen. Ein bezeichnendes Beispiel hierfür ist das schon in Kapitel 7.4.4 (S. 30) erwähnte Gedicht von Erich Fried

Logos

Das Wort ist mein Schwert
und das Wort beschwert mich
Das Wort ist mein Schild
und das Wort schilt mich.

Das Wort ist fest
und das Wort ist los
Das Wort ist mein Fest
und das Wort ist mein Los.

Erregte Auseinandersetzungen gab es 1960 über das berühmt gewordene Schlaflied-Gedicht von Elisabeth Borchers

eia wasser regnet schlaf

eia wasser regnet schlaf
eia abend schwimmt ins gras
wer zum wasser geht wird schlaf
wer zum abend kommt wird gras
weißes wasser grüner schlaf
großer abend kleines gras
es kommt es kommt
ein fremder

II

was sollen wir mit dem ertrunkenen matrosen tun?
wir ziehen ihm die stiefel aus
wir ziehen ihm die weste aus
und legen ihn ins gras

mein kind im fluß ist's dunkel
mein kind im fluß ist's naß

was sollen wir mit dem ertrunkenen matrosen tun?
   wir ziehen ihm das wasser an
   wir ziehen ihm den abend an
   und tragen ihn zurück

      mein kind du mußt nicht weinen
      mein kind das ist nur schlaf

was sollen wir mit dem ertrunkenen matrosen tun?
   wir singen ihm das wasserlied
   wir sprechen ihm das grasgebet
   dann will er gern zurück

III

es geht es geht
ein fremder
ins große gras den kleinen abend
im weißen schlaf das grüne naß
und geht zum gras und wird ein abend
und kommt zum schlaf und wird ein naß
eia schwimmt ins gras der abend
eia regnet's wasserschlaf

Das Gedicht – vor allem die zweite Strophe – wurde von vielen mißverstanden, obwohl es in seinem Spiel mit anmutigen, betörenden Worten nur zum Schlaf überreden wollte. Dazu Dieter Hasselblatt: »Ich kenne nichts an moderner Lyrik, was die aufkeimende Schlaflähmung eines regengrauen Fremdseins mit dieser Sicherheit, mit dieser wiegenden Schlichtheit zur Sprache gebracht hätte.«[109]

Besonders deutlich tritt das spielerische Element bei dem Berliner Günter B. Fuchs, dem »Kauz mit Hille-Mentalität im Zillemilieu«[110], in Erscheinung, häufig freilich in Verbindung mit gesellschaftskritischer Tendenz, wie seine beiden folgenden Gedichte erkennen lassen:

Tageslauf eines dicken Mannes

Morgens
verdingt er sich bei den Kindern am Buddelplatz.
Er beginnt seine Arbeit und sagt: Liebe Kinder,
dieser Bauch ist kein Bauch, sondern der große Berg
                                            Bimbula.
Da lachen die Kinder, schlagen Purzelbäume und
                                            sagen:
Bitte, großer Berg, morgen mußt du wiederkommen.

Mittags
macht er seine Urwaldfreunde nach.
Er trommelt dann auf seinen Bauch
und manchmal springt er schweren Herzens
auf den Rücken eines Generals und sagt:
Wenn du meinen Bauch mit einer Trommel
                                            verwechselst,
so ist das deine eigne klägliche Sache! Dieser Bauch
ist nämlich der große Berg Bimbula,
dessen Schönheit du nie erkennen wirst.

Abends
wird er immer sehr traurig.
Er setzt sich unter die Sterne
und trinkt zehn Liter Himmelsbier.
Manche Leute haben ihn singen gehört –
er singt dann ganz einfältig
so einfältig, wie's ihm niemand zugetraut hätte:
»Mutter, ach Mutter, mich hungert!«

In der ersten Strophe ist der Dichter Führer in ein heiteres Kinder-
märchenland, in der zweiten kritischer Protesttrommler, in der
dritten schließlich nächtlicher Vagant und traurig-sehnsüchtiger
Sternträumer.

Schularbeiten

Der Fortschritt
hat keene Lust, sich
zu kümmern um
mir. Und wat mir anjeht, habick
keene Lust, mir
um den Fortschritt
zu kümmern. Denn
unsereins
war ja
als Mensch
wohl zuerst da.

So, mein Kind, das
schreibste
in dein Schulheft
rein.

Vielen gilt Peter Rühmkorf, wohl der glänzendste Parodist
der deutschen Gegenwartsliteratur, als ein Lyrikbruder des
Berliners Günter B. Fuchs. Seine Benn-Parodie, »eine süffi-
sant-elegante Seiltänzerei mit artistischer Könnerschaft«[111],
ist ein virtuos-spielerisches Kunststück.

Lied der Benn-Epigonen

Die schönsten Verse der Menschen
– nun finden Sie schon einen Reim! –
sind die Gottfried Bennschen:
Hirn, lernäischer Leim –
Selbst in der Sowjetzone
Rosen, Rinde und Stamm.
Gleite, Epigone,
ins süße Benn-Engramm.

Wenn es einst der Sänger
mit dem Cro-Magnon trieb,
heute ist er Verdränger
mittels Lustprinzip.
Wieder in Schattenreichen
den Moiren unter den Rock;
nicht mehr mit Rattenscheichen
zum völkischen Doppelbock.

Tränen und Flieder-Möwen –
Die Muschel zu, das Tor!
Schwer aus dem Achtersteven
spielt sich die Tiefe vor,
Philosophia per anum,
in die Reseden zum Schluß –:
So gefällt dein Arcanum
Restauratoribus

lernäischer Leim: Anspielung auf die lernäische Hydra mit ihren neun Köpfen, die Herkules tötete; *Engramm:* Erinnerungsbild; *Cro-Magnon:* Menschenrasse der Altsteinzeit; *Moiren:* griechische Schicksalsgöttinnen; *per anum:* durch den After; *Arcanum:* (Kult-) Geheimlehre; *Restauratoribus:* Dat. plur. von Restaurator; Schluß der zweiten Strophe: Anspielung auf Benns schnell erloschene Sympathie für die NS-Ideologie.

7.5.6. Das lakonische und das »lange« Gedicht

In der Endphase des hermetischen Kurzgedichtes mit seiner Tendenz zum Verstummen bewegt sich das Pendel in eine andere Richtung, zum lakonischen Gedicht wie auch zum sogenannten »langen« Gedicht. Beiden anscheinend so gegensätzlichen Gedichttypen ist indessen gemeinsam: die Reduktion im Metaphorischen, die »Entpoetisierung« des Ausdrucks zugunsten einer schon von Brecht geforderten Sprechweise des Alltags und das Zurücktreten des dichterischen Ichs mit dem Verzicht auf jede Selbstaussage. An die

Stelle einer hochentwickelten Wortkunst sollte eine »Demokratisierung des Lyrischen« treten. Beide Gedichtformen sollten sich wieder der Wirklichkeit und dem Leben öffnen und gesellschaftlichen Problemen stellen. Auf ihre enge Beziehung weist auch die 1966 formulierte These Walter Höllerers hin: »Das lange Gedicht als Vorbedingung für kurze Gedichte«[112]. Später räumte er auch die Berechtigung für die Umkehrung dieser These ein (»Das kurze Gedicht als Vorbedingung für lange Gedichte«). – Begünstigt wurde diese Entwicklung auch durch die etwa um die gleiche Zeit von den USA auf Westeuropa übergreifende Pop Art.

7.5.6.1. Das lakonische Gedicht

Sprachskepsis und der Wille zu äußerster Form- und Sinnverdichtung haben neben Einflüssen fernöstlicher Lyrik (Vorbild des japanischen »Haiku«) wesentlich zur Ablösung der hermetischen Dichtung mit ihrer artifiziellen Sprachmagie durch die lakonische Kurzform des Gedichts beigetragen. Die lakonische Sprechweise »ermöglicht ein Höchstmaß sprachlich-gedanklicher Konzentration, und sie dient der Entpoetisierung, Ernüchterung und Versachlichung der Aussage«[113], womit sie sich besonders auch für das politische Gedicht anbietet. Der Leser soll gerade durch das Nicht-Gesagte, das Ausgesparte, auf die verborgene Intention des Autors hingewiesen werden. Das lakonische Gedicht eignet sich durch seine schlichte, spruchhafte, sich leicht einprägende Sprachform auch in besonderer Weise dazu, Elementares eindrücklich bewußtzumachen, z. B. auf die Notwendigkeit zu Veränderungen des menschlichen Bewußtseins hinzuweisen. Hierfür sei als Beispiel ein kurzes Gedicht von Erich Fried angeführt, das den Titel *Antwort* trägt:

Zu den Steinen
　　　hat einer gesagt:
　　　seid menschlich

　　　Die Steine haben gesagt:
　　　Wir sind noch nicht
　　　hart genug.

Die lapidare Kürze dieser Gedichtform bedeutet jedoch keinen Verzicht auf das Kunstprinzip, wie auch die Sprödigkeit des Lakonischen keineswegs ein voreiliges Verständnis erlaubt. Epigrammatische Schlagfertigkeit und das dialektische Kunstmittel der Auslassung machen den besonderen Reiz dieser Kunstform aus. Oft verbirgt sich Hintergründiges oder Doppeldeutiges hinter scheinbar harmloser Aussage.

Karl Krolow meint (in seinem Aufsatz *Über das Lakonische in der modernen Lyrik*[114]), es gehöre zu den geheimen Reizen dieser Art von Gedichten, daß in dem »antipoetischen Text« zuweilen »eine verhohlene Magie [und] magische Spuren-Elemente« zum Vorschein kommen, daß sich also anfängliche sprachliche Frustrationen in »poetischen Gewinn« verwandeln lassen.[115] Mit anderen Worten: die alltagssprachliche Redeweise sowie die kunstvolle Textstrukturierung und poetische Verdichtung lassen sich nirgends so gut miteinander verbinden wie im lakonischen Gedicht.

Von den drei Gedicht-Kategorien, die die dritte (etwa um die Mitte der sechziger Jahre einsetzende) Literaturphase maßgeblich bestimmen – lakonisches, politisches Gedicht und konkrete Poesie – bezeichnet Otto Knörrich den Lakonismus »als vielleicht bedeutendste poetische Errungenschaft der Zeit«[116]. Das Gedicht sagt mehr aus, als es ausspricht. Günter Eich (sein berühmter Satz: »Jedes Gedicht ist zu lang!«[117]) und Karl Krolow haben sich (neben Erich Fried) in ihrem Spätwerk diesem Gedichttyp besonders zugewandt. Manchem Autor in der DDR (so etwa

Günter Kunert und Reiner Kunze) bot er die Möglichkeit, in einer »artistisch verfremdeten« Gedichtsprache die politische Zensur in ihrem Staat zu unterlaufen, wie einige der folgenden Beispiele deutlich machen.

Günter Eich: Fußnote zu Rom

Ich werfe keine Münzen in den Brunnen,
ich will nicht wiederkommen.

Zuviel Abendland,
verdächtig.

Zuviel Welt ausgespart.
Keine Möglichkeit
für Steingärten.

Mit »Steingärten« sind – nach Hans Maier – Eichs Erlebnisse in Japan im Jahre 1962 gemeint. Eine Rückkehr *dorthin* wäre möglich.

Karl Krolow: Totes Insekt

Mit Fingern fortgewischt: totes Insekt,
in einem Haus, in dem es heimlich brennt
und Asche glüht, von Asche angesteckt:
Tod kommt als Katze, die sich sauberleckt
und jeder Schritt in sein Verderben rennt,
wo Liebe tot ist, eh man sie erkennt,
und fortwischt, was man Leben nennt.

Erich Fried: Spruch

Ich bin der Sieg
Mein Vater war der Krieg
Der Friede ist mein lieber Sohn
Der gleicht meinem Vater schon

Erich Fried: Einbürgerung

> Weiße Hände
> rotes Haar
> blaue Augen
>
> Weiße Steine
> rotes Blut
> blaue Lippen
>
> Weiße Knochen
> roter Sand
> blauer Himmel

Diese ebenso bestürzende wie bedeutungsvolle Wortkombinatorik zielt auf die »Einbürgerung« eines amerikanischen Soldaten ins Reich der Toten in Vietnam.

Kurt Bartsch: mut

> »wenn ich meine eigene
> meinung äußern darf«,
> begann er ungewohnt kraß,
> »so hat schon Karl Marx gesagt, daß

Günter Kunert

> Als unnötigen Luxus
> herzustellen verbot, was die
> Leute Lampen nennen,
> König Tharsos von Xantos, der
> von Geburt
> Blinde

Reiner Kunze:
Das Ende der Kunst

Du darfst nicht, sagte die eule
zum auerhahn, du darfst nicht
die sonne besingen
Die sonne ist nicht wichtig

Der auerhahn nahm
die sonne aus seinem gedicht

Du bist ein künstler
sagte die eule zum auerhahn

und es war schön finster.

7.5.6.2. Das »lange« Gedicht

Das »lange« Gedicht, zu dessen Fürsprecher sich besonders
Walter Höllerer (1965) gemacht hat, sucht im Gegensatz
zum hermetischen, artistischen Reduktionsgedicht (etwa
Paul Celans) den Kontakt mit dem Leser und das Gespräch
mit ihm. Nicht Vielzeiligkeit oder Länge, sondern Weltoffenheit und Umgang mit der Realität kennzeichnen diese
Lyrikform als einen Demokratisierungsvorgang, bei dem
auch das einzelne Wort entlastet werde und »alle Feiertäglichkeit« zugunsten des Alltäglichen und sogar möglicher
»flacher Passagen« wegfalle.[118] Nicolas Born meint in diesem Zusammenhang: Gedichte sollen roh sein, jedenfalls
nicht geglättet.[119]
Günter Herburger, der gleichfalls für das lange Gedicht
plädiert, spricht sich für die Anhäufung von Realien und
Fakten, sogar für »Gedichte wie vollgepfropfte Schubladen«
aus.[120]
Wenn Höllerer sich einmal gegen das »Kostbarmachen von
Bildern, das Operieren mit leeren Flächen« der bis dahin
vorherrschenden Lyrik ausspricht, so hält er das lange Ge-

dicht dagegen »schon seiner Form nach für politisch«, so daß es die apolitische Haltung der metaphorischen Lyrik revidiert. Angestrebt wird eine neue Unmittelbarkeit der Aussage, eine abgesunkene Stimmlage des lyrischen Sprechens. Im »alltäglich« gewordenen Gedicht wird das »Zelebrieren unglaubwürdig«. »Das lange Gedicht [...] führt zugleich aus der starr gewordenen Metaphorik, der knarrenden Rhythmik, der bemühten Schriftbildschematik, stellt sich einer weiteren Sicht.« Höllerer meint weiter: Das lange Gedicht sei zudem für das Dialogische offener und um eine neue Art des Zusammenlebens, der Verständigung und Kommunikation bemüht; es entwickele ein neues Denken, das zu einem besseren Verständnis beitrage – auch zwischen Ost und West. Höllerer selbst räumt dabei ein, »daß subtile und triviale, literarische und alltägliche Ausdrücke« sich »notgedrungen im langen Gedicht« zusammenfinden, miteinander spielen – »wie Katz und Hund«.[121]

Gegen die damit verbundene Gefahr sogenannter »flacher Passagen« oder »Banalitäten und des Absinkens ins Stoffliche« (Walter Höllerer) wird der Satz vom »Inhalt als Widerstand« gestellt.[122]

In der Ablehnung der preziösen Überhöhung der Wirklichkeit, in der Forderung nach dem »weiträumigen Gedicht« (so auch Horst Bienek), dem Vertauschen des Parabelhaften mit dem Dokumentarischen, dem Authentischen und Aktuellen treffen sich die Befürworter des langen Gedichts mit den Vertretern der aus Amerika kommenden Underground-Lyrik und der Pop-Kultur, die sich vom »dualistischen Weltbild« zugunsten einer lustvollen Bejahung des »Sicheinrichtens im Diesseits« distanziert.[123]

Der Kritiker Höllerers, Karl Krolow, sieht jedoch auch die Gefahr, im langen Gedicht mehr unterbringen zu wollen, als es tragen kann, so daß es »am zu langen Sich-Einlassen mit Zusammenhängen, die über das Gedicht hinauswachsen«, ersticken könne. Er befürchtet, daß es »in der breit angelegten poetischen Mitteilung« sehr bald »ein Geklapper nicht mehr zueinander passender, sich lockernder Zusammenhänge« geben könne.[124] Dennoch haben Höllerers *Thesen zum langen Gedicht* für die Entwicklung des postmodernen Gedichts fast eine ähnliche Bedeutung wie Benns *Probleme der Lyrik* von 1951 für die Lyrik der fünfziger Jahre. Daher kann Jürgen Theobaldy 1976 erklären: »Ersetzt man das ›lange Gedicht‹ durch das ›neue Gedicht‹, so hat man eine relativ genaue Beschreibung jener Tendenzen, die sich in der Lyrik gegen Ende der sechziger Jahre abzeichnen und die Anfang der siebziger Jahre bestimmend werden.«[125]

Es folgen drei Beispiele:

Ursula Krechel: Meine Mutter

Als meine Mutter ein Vierteljahrhundert lang
Mutter gewesen war und Frau, aber das konnte sie
vergessen mit der Zeit, als sie so geworden war
wie eine anständige Frau werden mußte
klüger als die Großmutter, ergebener als die Tanten
sparsamer in der Küche und in der Liebe als eine
der das Glück in den Schoß gefallen war
als sie genug Krümel von der Tischdecke geschnippt
als sie die Hoffnung begraben hatte, einmal eine Dame
im Pelz zu sein wie in den Modeheften vor dem Krieg
die sie immer noch hinten in der Speisekammer hütete
als sie anfing, den Töchtern ins Gesicht zu sehen
auf der Suche nach Spuren, die sie im eigenen Gesicht
nicht fand, als sie nicht mehr vor Angst aufwachte
weil sie vom Bügeleisen geträumt hatte
das nicht ausgeschaltet war, als sie schon manchmal
wagte, die Beine am frühen Nachmittag
übereinanderzuschlagen, fraß sich ein Krebs
in ihre Gebärmutter, wuchs und wucherte
und drängte meine Mutter langsam aus dem Leben.

In einem folgenden zweiten Teil erscheint die Mutter der Tochter in einer Traumvision, verjüngt, auf der Suche nach einer neuen Identität.

Jürgen Theobaldy:
Zu Besuch im Studentenwohnheim

Draußen vor dem Fenster die kalten Lichter
der Institute, und, weiter oben,
die wärmeren Lichter der Villen am Hang.
Sie bauen immer noch. Morgen vormittag
werde ich auf die Betonbauten sehen,
auf die stillen Hügel des Odenwalds.
Im Keller ist die Bar geöffnet ab 22 Uhr,
der Fußboden summt, die Schreibtischlampe.
Die Show geht weiter nach diesen sechs Jahren,
die ich hier gelebt hatte, rote Fähnchen
an meine Tagträume geheftet und voll Hoffnung,
daß alle Mißverständnisse, auch Irrtümer
letztendes der Revolution dienten.
Jetzt, bei Nacht, sind die Betonbauten
tatsächlich bleich. Ich denke, darauf
kommt es nicht an, schon eher auf das Rot
der Fahnen eines Morgens im Mai
auf den Rohbauten der Institute. Sie bauen
immer noch. Die Villen am Hang
werden immer noch mehr, und immer noch
verteilt das Ministerium Prospekte
mit Fotos von neuen Instituten im Sonnenlicht.
Morgen mittag werde ich die neue Mensa sehen,
die Studenten in den unteren Semestern
mit ihren Plänen von einer Karriere
und ihren Wünschen, vorerst gut zu leben,
sich ein wenig zu empören, aber vernünftig
zu bleiben letztendes. »Wir fordern nur,
was wir kriegen können«, sagte ein Sprecher
in der Stadt, aus der ich gekommen bin.
Als gäbe es das nicht mehr, dieses: Und jetzt
erst recht! Aber es gibt doch den Mißmut
in diesem Gedicht. Ja, diesen Mißmut gibt es.

Hans Magnus Enzensberger:
Die Scheiße

Immerzu höre ich von ihr reden
als wär' sie an allem schuld.
Seht nur, wie sanft und bescheiden
sie unter uns Platz nimmt!
Warum besudeln wir denn
ihren guten Namen
und leihen ihn
dem Präsidenten der USA,
den Bullen, dem Krieg
und dem Kapitalismus?

Wie vergänglich sie ist,
und was wir nach ihr nennen
wie dauerhaft!
Sie, die Nachgiebige,
führen wir auf der Zunge
und meinen die Ausbeuter.
Sie, die wir ausgedrückt haben,
soll nun auch noch ausdrücken
unsere Wut?

Hat sie uns nicht erleichtert?
Von weicher Beschaffenheit
und eigentümlich gewaltlos
ist sie von allen Werken des Menschen
vermutlich das friedlichste.
Was hat sie uns nur getan?

Die Nähe des langen Gedichts zum Gesellschaftskritisch
Politischen, wie von Höllerer gefordert, ist unverkennbar.

7.5.7. Politische und Agitprop-Lyrik

Der Begriff »politische Lyrik« ist nicht unumstritten, da er weniger ein sprachliches als ein sachliches Phänomen ist.[126] Gesellschaftskritische, engagierte Literatur hat es nach 1945 im Grunde immer gegeben, auch vor 1968, dem Jahr des sprunghaften Anwachsens der Politlyrik; es sei nur an Autoren wie Marie Luise Kaschnitz, Günter Eich, Ingeborg Bachmann, Christa Reinig und Günter Grass erinnert. Das politische Gedicht, das sowohl Ausdruck kritischer Distanzierung als auch von Parteinahme sein kann und zunächst auf Formen und Stile der politischen Lyrik der zwanziger Jahre zurückgreift (besonders auf Brecht, teilweise auch auf Kurt Tucholsky, Walter Mehring und Erich Kästner), bedient sich vorwiegend der lyrischen Groteske, der ironischen Übertreibung, der sarkastischen Anspielung und des schwarzen Humors. Weitere Kennzeichen für die politische Lyrik auch nach 1945 sind die appellative Sprache und die häufige Verwendung rhetorischer Figuren (direkte Anrede an den Hörer, Reihung von Gleichartigem, ironisch gebrauchte Redewendungen und Zitate, Häufung von Fragen, Wortwitz und Wortspiele). Die eigentlich neue politische Lyrik setzt erst um die Mitte der fünfziger und zu Beginn der sechziger Jahre ein. Im Vordergrund dieser Lyrik steht gleichsam als ideologisches Reizthema die *Entfremdung*, die geradezu als »intellektuelle Zwangsvorstellung« gelten kann, welche »ihren Ursprung nicht in einer Entfremdungserfahrung in der Realität, sondern in der Neigung zu utopischen Denkmustern hatte«[127]. Am bedeutsamsten für die neue Entwicklung werden die Gedichtbände Hans Magnus Enzensbergers und Peter Rühmkorfs: Der – freilich nie ideologisch engagierte – »Mitinitiator« der Außerparlamentarischen Opposition, Kursbuch-Herausgeber und ehemalige Freund Fidel Castros Hans Magnus Enzensberger schrieb *verteidigung der wölfe* (1957), *landessprache* (1960) und *blindenschrift* (1964); Peter Rühmkorf gab heraus: *Heiße Lyrik* (1956), *Irdisches Ver-*

gnügen in g (1959) und *Kunststücke* (1962). – Zwei Wertungen: »Das Raffinement von Rühmkorfs Verssprache ist vor keinem seiner Zeitgenossen bisher erreicht.«[128] Joachim Kaiser bezeichnet Enzensberger »als einen der größten lebenden Lyriker der deutschen Sprache«.[129] In der provokatorisch-bissigen, antibürgerlichen Gesellschafts- und Kulturkritik ihrem Lehrmeister Brecht vergleichbar, bilden diese Autoren eine vom »Pathos des Ekels« getragene scheinbar naive, in Wirklichkeit aber überaus kunstvolle, witzig-bösartige, manchmal auch zynische Sprache aus, die gekennzeichnet ist durch provokanten, beißenden Spott, Persiflage, Alltagsjargon, durch »unterkühltes Pathos« und banale Phrasen, durch Werbesprüche und Zitate aus dem Leben des unpolitischen Spießbürgers. Sehr geschickt nutzt diese Lyrik auch die Möglichkeiten der Travestie und der virtuos gemeisterten Parodie, des spöttisch verzerrenden »Gegengesangs«, der repräsentative Literaturvorlagen der Klassiker (von Claudius bis Hölderlin) bevorzugt. Daneben arbeiten diese Texte auch mit deformiertem Wortmaterial, mit Montage und Wortkombinatorik. »Statt auf das Unsagbare abzuzielen«, wird nun »das Naheliegende nur gut formuliert, auf die Pointe gebracht.«[130]

Mit diesen sprachlich geschliffenen Waffen gehen die Autoren gegen anerkannte Mißstände ihrer Zeit an, ohne sie jedoch *direkt* zu benennen. Enzensberger bemerkt hierzu (1962): »Ich glaube, [...] daß die politische Poesie ihr Ziel verfehlt, wenn sie es direkt ansteuert. Die Politik muß gleichsam durch die Ritzen zwischen den Worten eindringen, hinter dem Rücken des Autors, von selbst. Er ergreift nicht Partei für diese oder jene Fraktion.«[131]

Vordringlich geht es diesen Autoren um das Problem der unbewältigten Vergangenheit, die mögliche Wiederholbarkeit des Geschehens, um den Protest gegen die Vergesellschaftung des Menschen und die Kampfansage gegen restaurative und verderbliche Entwicklungen in der Bundesrepublik.

Bis zur Mitte der sechziger Jahre manifestiert sich politisches

Engagement in der Lyrik im wesentlichen in allen möglichen Formen der »großen Verweigerung« (Herbert Marcuse), bis zu diesem Zeitpunkt ist die politische Lyrik eher Reaktion als Aktion. Auch für Autoren wie Wolfgang Weyrauch, Wolfdietrich Schnurre, Peter Rühmkorf und Hans Magnus Enzensberger gilt, daß sich politische Verse als Gedicht legitimieren müssen und nicht schon deshalb zu bejahen sind, weil »die politische Linie« stimmt. Erst die Enttäuschung darüber, daß die künstlerisch gestaltete politisch engagierte Literatur keine grundlegende Veränderung der politischen Verhältnisse bewirkte, daß politischer Protest, »solange er bloß witzig, poppig revoluzzerhaft [...] vorgetragen wird, die ›guten Bürger‹ lediglich amüsiert« (»Diese Leute lassen sich sogar anpissen, wenn es formal gut gelöst wird«, Floh de Cologne, 1969[132]), veranlaßt Enzensberger (1968 im *Kursbuch* 15), die »politische Alphabetisierung« Deutschlands zu fordern und das Ende der Literatur überhaupt zu deklarieren.[133] Sie trage nichts zur Lösung der gesellschaftlich-politischen Mißverhältnisse bei, sondern sei affirmativ.

Die Große Koalition in Bonn mit ihrer Notstandsgesetzgebung, die Studentenbewegung, die Außerparlamentarische Opposition und vor allem das Eingreifen der USA in Vietnam lassen Produktion und Verbreitung der (fast ausschließlich von der Neuen Linken vorgetragenen) politischen Lyrik in der Mitte der sechziger Jahre stürmisch ansteigen. Den eigentlichen Umschlag in die Direktheit des politischen Gedichts aber bringt Erich Frieds Gedichtsammlung ... *und Vietnam und* ... (1966), mit der er sich zu einem der Wortführer der internationalen Bewegung gegen den Vietnam-Krieg macht.

Nunmehr werden die sozialen und politischen Verhältnisse des Westens einer radikalen, oft böswillig einseitigen Kritik unterzogen. In ihrem Kampf gegen das sogenannte Establishment und die Bewußtseins-Industrie, gegen politische Manipulation und Springer-Presse beschränkt sich diese Lyrik jedoch nicht auf parodistisch-ironische Stilmittel, vielmehr bemüht sie sich auch um »analytisch-perspektivistische« Bloßstellung westlicher Verhaltensweisen.

Eine größere Gruppe politischer Autoren wendet sich jetzt der *Agitprop-Lyrik* zu, der Übersteigerung politischer Lyrik mit allen Mitteln der Agitation und Propaganda. Bei einigen Autoren vollzieht sich der Stilwandel zur Agitprop so schnell, daß sie sich rechtfertigen zu müssen glauben – wie z. B. Franz Josef Degenhardt:

> Manchmal sagen die Kumpanen
> jetzt, was soll dieser Scheiß?
> Wo sind deine Zwischentöne?
> Du malst bloß noch schwarz und weiß.
> Na schön, sag ich, das ist ja richtig
> aber das ist jetzt nicht wichtig.
> Zwischentöne sind bloß Krampf
> im Klassenkampf.

Umsonst hatte Brecht, der Lehrmeister der politischen Lyrik, gewarnt: »Flach, leer, platt werden Gedichte, wenn sie ihrem Stoff seine Widersprüche nehmen, wenn die Dinge, von denen sie handeln, nicht in ihrer lebendigen [. . .] Form auftreten. Geht es um Politik, so entsteht dann die schlechte Tendenzdichtung.«[134] Den Autoren der Agitprop dagegen gilt das herkömmliche »ästhetische Gedicht« nur als eine »sublimierte Form der Ausbeutung«; »Metaphern und Bilder, die eine poetische Welt konstruieren, müssen zerschlagen werden«.[135] Ja selbst der individuelle (also nicht kollektiv) produzierte Agitprop-Text wird als »Praxisersatz des kleinbürgerlichen Literaten mit marxistischer Gesinnung«[136] abgelehnt. Erklärtes Ziel der Agitprop-Literatur ist die unmittelbare Vorbereitung der gewaltsamen politischen Aktion; denn »auch das beste Agitprop-Gedicht ist schlechter als: der Stein am Helm des prügelnden Polizisten die Maulschelle für den Nazikanzler Kiesinger die Besetzung eines Werks oder Instituts«[137].

Für die Radikalen unter diesen Autoren ist die Revolution

das »einzige, wahre Kunstwerk« der Menschheit (zitiert bei Jost Hermand: *Pop oder die These vom Ende der Kunst*)[138]. Das Agitprop-Gedicht versteht sich darüber hinaus als »Entthronung der Kunst«. Jost Hermand führt in seinem oben genannten Beitrag weiter aus, daß man zur Verteidigung der Kunst einen Fünffrontenkrieg führen müsse: »Einmal gegen die Esoteriker und Feingeister, die weiterhin ihren elitären Klüngel« treiben; zum anderen »gegen die linken Aktivisten, die bei dem Wort ›Kultur‹ sofort zum Messer greifen, weil sie darin [...] etwas ›Bourgeoises‹ wittern«; dann gegen jene revoluzzerhaften Stürmer und Dränger, die nur noch das Zauberwort ›Agitprop‹ anerkennen« und die Kunst ablehnen; viertens gegen die »Pop-Manager und Hip-Kapitalisten«, die »nur ihr Geschäft mit den Teens und Twens machen wollen«; fünftens gegen »jene Pop-Fanatiker, die selbst in den Songs der Beatles den Ausdruck einer wahren Jugendrevolte erblicken, aus der sich einmal eine strahlende Gegenwelt des Friedens« entwickeln müsse.

Roman Ritter spricht vom »schleichenden selbstmord des kapitalismus«, der sich sogar im ökonomischen Bereich nachweisen lasse: »aus kurzfristigem profitinteresse veröffentlichen kapitalistische verlage linke literatur, die langfristig die liquidierung solcher verlage betreibt. das gilt es auszunützen.« der »produzent von [agitprop-]literatur kann die irrational überbewertete und mythologisierte stellung, die ihm die bürgerliche gesellschaft in ihrer symptomatischen sehnsucht nach genie, magie und seherweisheit freiwillig einräumt, ausnutzen; nicht um dem bürger blaue blumen vor die nase zu halten, sondern um ihm rote fahnen um die ohren zu hauen und sein prestige zu unüberhörbarer politischer unbotmäßigkeit auszuschlachten«[139].

Zur Steigerung der Effektivität bedient sich die Agitprop neben der Gedichtform in steigendem Maße politischer Slogans, meist einfacher, treffender Zweizeiler mit Endreim (Sammlung solcher Politlosungen und Kampfreime von

Uwe Wandrey, [2]1969); vor allem aber des Protestsongs, der auf großen Massenveranstaltungen und Demonstrationen, zumal in Verbindung mit Rock- und Beat-Musik (auch auf Schallplatten viel verbreitet), eine erstaunlich große Breitenwirkung erzielt. (Vgl. die sogenannten Liedermacher, u. a. Franz Josef Degenhardt, Dieter Süverkrüp, Wolf Biermann, Walter Moßmann und Konstantin Wecker.)[140]

Eine Auswahl der bedeutendsten und wirksamsten politischen Lieder der fünfziger bis siebziger Jahre hat Annemarie Stern unter dem Titel *Lieder gegen den Tritt* herausgegeben (s. 10. Weiterführende Literatur).

Aus dem »Werkkreis Literatur der Arbeitswelt«, 1970 in Oberhausen gegründet, ist zwar massenwirksame politisch engagierte Prosa, jedoch keine nennenswerte politische Lyrik hervorgegangen. Die Lyrik dieses Werkkreises steht unter dem Motto: Poesie beginnt dort, wo Tendenz ist.[141]

Die Agitprop-Lyrik hat sich nur verhältnismäßig kurze Zeit behaupten können, sie lebt heute noch in Protestsongs der Ökologie- und Friedensbewegung fort. Lyriker wie Heinz Piontek lehnten die »Einfallslosigkeit« der Agitprop ab, Yaak Karsunke vermißte »sinnliche Qualitäten«, und Heinrich Böll wie auch Günter Grass distanzierten sich von ihr, da Literatur nirgends die Aufgabe habe, Werbung für irgendeine politische Wirklichkeit zu liefern. Heinrich Böll warnte in seiner 1973 (nach Empfang des Nobelpreises) in Stockholm gehaltenen Rede »vor der Zerstörung der Poesie« und vor der »Bilderstürmerei eines [...] blinden Eiferertums«. Er hält es für die Pflicht des Schriftstellers, »zum Unterschied von den Politikern, Ideologen, Theologen und Philosophen, die immer restlose Lösungen zu bieten versuchten, in die Zwischenräume einzudringen.« Es gebe zu viele unerklärte und unerklärliche Reste.[142]

Als symptomatisch für den schnellen Verschleiß der Agitprop-Lyrik kann vielleicht der Sinneswandel von Nicolas Born angesehen werden, der, 1969 noch Mitarbeiter an der Hamburger Kollektivausgabe *agitprop*, sich schon drei Jahre

später von dieser Lyrik distanziert, da sie sich »auf Funktion
[habe] reduzieren lassen« und der Agitprop-Autor zum
bloßen »kritischen Partner der Macht« geworden sei.[143]
Zur Zeit ist es um die politische Lyrik wesentlich stiller
geworden. Dennoch gehört das – im weitesten Sinn – politische Engagement heute schon fast zum Selbstverständnis des
Schriftstellers, auch wenn vom Gedicht keine besonderen
gesellschaftlichen Wirkungen erwartet werden und es nur
symbolisch Widerstand leisten kann.

7.5.7.1. Politische Lyrik – Beispiele
(in zeitlicher Folge ihrer Entstehung)

Hans Magnus Enzensberger:
Ins Lesebuch für die Oberstufe

Lies keine Oden, mein Sohn, lies die Fahrpläne:
sie sind genauer. Roll die Seekarten auf,
ehe es zu spät ist. Sei wachsam, sing nicht.
Der Tag kommt, wo sie wieder Listen ans Tor
schlagen und malen den Neinsagern auf die Brust
Zinken. Lern unerkannt gehn, lern mehr als ich:
das Viertel wechseln, den Paß, das Gesicht.
Versteh dich auf den kleinen Verrat,

die tägliche schmutzige Rettung. Nützlich
sind die Enzykliken zum Feueranzünden,
die Manifeste: Butter einzuwickeln und Salz
für die Wehrlosen. Wut und Geduld sind nötig
in die Lungen der Macht zu blasen
den feinen tödlichen Staub, gemahlen
von denen, die viel gelernt haben,
die genau sind, von dir.

Peter Rühmkorf:
Heinrich-Heine-Gedenk-Lied

Ting-tang-Tellerlein,
durch Schaden wird man schlau;
ich bin der Sohn des Huckebein
und Leda, seiner Frau.

Ich bin der Kohl- und bin der Kolk-,
der Rabe, schwarz wie Priem:
Ich liebe das gemeine Volk
und halte mich fern von ihm.

Hier hat der Himmel keine Freud,
die Freude hat kein Licht,
das Licht ist dreimal durchgeseiht,
eh' man's veröffentlicht.

Was schafft ein einziges Vaterland
nur soviel Dunkelheit?!
Ich hüt mein' Kopf mit Denkproviant
für noch viel schlimmere Zeit.

Und geb mich, wie ihr alle glaubt,
auf dem Papier –:
als trüg' ein aufgeklärtes Haupt
sich leichter hier.

Das nicht leicht verständliche Lied, in geistiger Heine-Nähe geschrieben, beginnt mit der Montage aus einem Kinderlied und der
»metaphorischen Kopulation« von Leda und dem Unglücksraben
Hans Huckebein (als »Bild einer Groteskpaarung«). Es will damit
eine »unserer großen Ambivalenzen« aufzeigen, die der Autor
»zuerst in Heinrich Heine angelegt sieht«. Die zweite Strophe zeigt
den Dichter im Bilde des Vogels und schließt mit der »Heine-Formel
schlechthin«. Das Licht der Aufklärung wird im Grunde »nicht
veröffentlicht«, und die Dunkelheit in Deutschland sieht Rühmkorf
als »eine Funktion [unserer] Produktionswütigkeit«. Das Lied endet
mit einer Formel, die der »paradoxen [und] tragikomischen Existenz« Heines (und Rühmkorfs?) »in den Mund gelegt wird«.[144]

Volker von Törne:
Amtliche Mitteilung

Die Suppe ist eingebrockt:
wir werden nicht hungern.

Wasser steht uns am Hals:
wir werden nicht dürsten.

Sie spielen mit dem Feuer:
wir werden nicht frieren.

Für uns ist gesorgt.

Erich Fried:
Beim Nachdenken über Vorbilder

Die uns
vorleben wollen

wie leicht
das Sterben ist

Wenn sie uns
vorsterben wollten

wie leicht
wäre das Leben

Helmut Lamprecht:
Prag – August 68

Seit Marx
den Hegel
vom Kopf
auf die
Füße stellte

gewinnt
die Auffassung
an Boden
es komme nur noch
auf die
Stiefel an

Hans Magnus Enzensberger:
Über die Schwierigkeiten der Umerziehung

Einfach vortrefflich
all diese großen Pläne:
das goldene Zeitalter
das Reich Gottes auf Erden
das Absterben des Staates.
Durchaus einleuchtend.

Wenn nur die Leute nicht wären!
Immer und überall stören die Leute.
Alles bringen sie durcheinander.

Wenn es um die Befreiung der Menschheit geht
laufen sie zum Friseur.
Statt begeistert hinter der Vorhut herzutrippeln
sagen sie: Jetzt wäre ein Bier gut.
Statt um die gerechte Sache
kämpfen sie mit Krampfadern und mit Masern.
Im entscheidenden Augenblick
suchen sie einen Briefkasten oder ein Bett.
Kurz bevor das Millenium anbricht
kochen sie Windeln.

An den Leuten scheitert eben alles.
Mit denen ist kein Staat zu machen.
Ein Sack Flöhe ist nichts dagegen.

Kleinbürgerliches Schwanken!
Konsum-Idioten!
Überreste der Vergangenheit!

Man kann sie doch nicht alle umbringen!
Man kann doch nicht den ganzen Tag auf sie einreden!

Ja wenn die Leute nicht wären
dann sähe die Sache schon anders aus.
Ja wenn die Leute nicht wären
dann ging's ruckzuck.
Ja wenn die Leute nicht wären
ja dann!
(Dann möchte auch ich hier nicht weiter stören.)

Helga M. Novak:
Lied vom alten Tee

seht die braune Kanne mit dem Satz
die Tülle ist verstopft und riecht
warum trank er den Tee nicht
als er noch heiß war

seht den Schimmelhut wie weißer Samt
der in der Kanne schwimmt und glänzt
warum trank er den Tee nicht
und ist davongeeilt

seht die innen feuchtbeschlagene Dose
die Blätter gequollen duften nicht mehr
wann haben sie ihn geholt
warum ist er fort

hört das Knistern unter den Schuhen
verschütteter Tee auf dem Fußboden
kamen sie wie üblich um fünf
und hat er gezittert

Günter Kunert:
Deutsche Elegie

Ein guter Deutscher und noch
einer und noch
weiß nicht was geschehen ist
was geschieht und geschehen wird
Abwesend sein und bleiben
geistig oder sonstwie ideal
verstopften Ohres eh'
die Schüsse fielen oder bloß
die ihnen vorausgesandten Worte
oder das Signal zum Weghören alle mal

Keine geographische Begrenzung

trotz geteilter Himmel
Blindheit Taubheit Stummheit
wie von heiligen Makaken jener
und der und dieser noch
befehlsgemäß erstarrt
zu Bronze die später immer
sich als Gips erweist.

Ironische Anklage gegen den »guten« Deutschen in Ost wie West,
der nach dem Vorbild der heiligen drei Affen weder sehen, hören
noch reden will.

Erich Fried: Status quo

Wer will
daß die Welt
so bleibt
wie sie ist
der will nicht
daß sie bleibt.

7.5.7.2. Agitprop-Lyrik – Beispiele

Hans Magnus Enzensberger:
ratschlag auf höchster ebene

makers of history! schüttere wölfe,
geschminkte keiler, kastraten
mit herzklaps, affensaft
in der welken milz, eine hutzel
zwischen den beinen:

schlaflos über dem golfstrom,
von schönen klippern geschleudert
durch wolkenlagunen; doch tut
keine windsbraut euch auf
ihr wildes herz, ihren weißen Leib:

immer dieselbe vettel, history,
häßliche hostess, besteigt
eure sauren betten, melkt
aus euch ihre trübe lust.

steigt aus! ohne fallschirm!
sterbt! kein weib weint
hinter euch eine träne:
selbst die vettel vergißt euch.

Martin Jürgens

DU KRUPP (†), du horten und du abs,
du thyssen, flick & zetera,
du mit dem speisezimmer rustikal,
mit deinem hinweis auf den dänischen designer
und für die putzfrau einen
merianstich zu ostern; –
es lernen deine kinder cäsar
und üben sich

und teilen gallien in partes tres,
derweil du, schnell erschlafft
in deinem trocknen bett,
halbjährlich einen neuen fahrer brauchst
für deine hochfrisierte frau
und puntila im fernsehn siehst; –
du, der du uns den klassenkampf
mit deinen gründen madig machtest:
mit made in germany und marshallplan:
man könnte, wenn man an dich denkt,
zu schnellem kotzen sich verführen, doch
greift das deine nicht, nur unsre kehle an:
dir geht ein licht erst auf,
wenn es der steinwurf durch dein fenster löscht –
so sieht es aus:
wir brauchen dich, die kapitale sau,
du auf der freibank
machst uns frei
und unsre suppen kräftig.

Günther Guben: Standpunkte

Manche sagen:
Eßt die Tollkirsche nicht!
Sie ist gefährlich für jedermann.

Manche sagen:
Nicht für alle,
Es kommt darauf an wer sie ißt.

Yaak Karsunke: konzertierte aktion

weiterhin spielt kapital
die erste geige
politiker stoßen ins horn
die unternehmer
haun auf die pauke

daß vom schellenbaum klirrend
der sozialklimbim abfällt
(den arbeitern bringt man
die flötentöne noch bei)

wann endlich
wird das publikum pfeifen?

Politslogans:

Wer zweimal mit derselben pennt,
gehört schon zum Establishment.

Wer hier nicht pennt,
ist ein Agent.

Unter den Talaren
der Muff von tausend Jahren.

An jedem zehnten Klinikbett
wird ein Ordinarius fett.

Beschlaft heut nacht das Institut
das tut der alten Jungfer gut.

Schlagt die Germanistik tot,
färbt die blaue Blume rot!

Das Kapital der Reichen
macht die Arbeiter zu Leichen.

ier: in der Universität.

Walter Moßmann:
Lied vom leistungsgerechten Tod

Die Stadt kauft ein, die Luft ist lau.
Da singt ein Mann, der Mann ist blau.
Sternhagelvoll singt er 'n Choral
vom süßen Trost im Jammertal,
    Was für ein Jammer hat der wohl?
    Und was für'n Trost im Alkohol?

Die Leute schaun zum Münster hoch.
Der Mann pfeift aus dem letzten Loch.
Die Wermutflasche in der Hand
steht der zum Abschuß an der Wand.
    Der fiel doch so vom Himmel nicht.
    Der war doch mal mit mir auf Schicht.

Der war so krumm wie ich und du,
auf Arbeit ohne Lust und Ruh.
Dann arbeitslos, das alte Lied:
Die Krise bricht das schwächste Glied.
    Verschlossen war ihm Tür und Tor,
    Im Winterschnee stand er davor.

Dann nach paar Monat Arbeitsamt
ist er nicht mehr ins Amt gerannt.
Er war nicht clever, und auch alt,
und roch nach Schnaps, ihm war so kalt.
    Der Frühling kam, die Erd schlug aus,
    da war er reif fürs Arbeitshaus.

Erst im Akkord ein armes Schwein,
dann auf'm Müll, mit Stempelschein,
dann bloß noch die »soziale Last«.
Hier mal ein Bruch und dort im Knast.
    Wo bleibst du, Trost der ganzen Welt,
    wenn einer so zu Boden fällt?

Der Bischof glänzt im Goldornat,
die Kirche küßt den Vater Staat.
»Der Aufschwung kommt! Es werde Licht!«
Sagt uns ein Fernseh-Grinsgesicht.
   So wollen wir all danken dir
   unserm Erlöser für und für.

Die Stadt kauft ein, die Luft ist lau.
Da fällt ein Mensch, der Mensch ist blau.
Die Leute gehen schnell vorbei
und denken fromm an Polizei.
   Da leidet einer große Not.
   Vor Augen steht der kalte Tod.

Es stirbt sich schnell in diesem Staat,
wo jeder seine Chance hat:
Wenn oben einer arriviert,
dann bloß, weil unten wer krepiert.
   Ihr Wolken brecht und kotzt euch aus
   aufs Gottes- und aufs Herrenhaus.

Zu singen nach der Melodie: O Heiland reiß die Himmel auf!

7.5.8. Experimentelle und konkrete Poesie

Die unter dem Namen »Konkrete Poesie« bekannt gewordene Literatur, deren Anfänge in den frühen fünfziger Jahren liegen, wird oft auch als abstrakte, linguistische oder als absolute Dichtung bezeichnet. Am ehesten ist sie wohl unter dem Begriff der »experimentellen Literatur« zusammenzufassen, da dieser alle Versuche zur Erprobung neuer literarischer Ausdrucksmöglichkeiten umfaßt, also die »absolute Kombinatorik« Helmut Heißenbüttels, die visuellen, die akustischen und die Dialektgedichte, die sogenannten Sprechgedichte Ernst Jandls, die Figurengedichte Claus Bremers, den französischen Lettrismus und schließlich auch die

serielle Lyrik Max Benses, die in ihrer radikalsten Form zum
Computer-Gedicht führt.

Die konkrete Lyrik lehnt eine Dichtung des »individualisti-
schen Ausdrucks« strikt ab – analog dem *Technischen Manifest* Filippo Tommaso Marinettis (1912): »Man muß das Ich
in der Literatur zerstören«.[145]

Zum besseren Verständnis der konkreten Poesie: Sie läßt
sich kaum interpretieren, sondern nur kommentieren.
Eugen Gomringer: Interpretationen von konkreten Gedichten lenken »von der eigenartigen, einfachen gebrauchsquali-
tät, von der trockenen, spielerischen assoziationskraft« dieser Gedichte ab.[146]

Zugrunde liegt allen diesen experimentellen Bemühungen
das schon von Hugo von Hofmannsthal im *Brief des Lord
Chandos* 1902 angesprochene Problem einer neuen »kon-
gruenten Sprache«[147], in der Wort und Ding, Sprache und
Welt übereinstimmen. Helmut Heißenbüttel, einer der
bekanntesten deutschen Befürworter der konkreten Poesie,
stellte Anfang der sechziger Jahre fest, daß »die verbindli-
chen Vorprägungen des Sprechens, vom einfachen Satz bis
zu den literarischen Gattungen, ihre [...] Verbindlichkeit
verloren haben«[148]. Da wir in einer Wirklichkeit lebten, mit
der unsere Sprache nicht Schritt gehalten habe, forderte er
anstelle unserer grammatisierten Sprache mit ihrer Subjekt-
Prädikat-Objekt-Beziehung eine »antigrammatische Poesie«[149] und begrüßte daher die ersten Schriften Eugen Gomringers Anfang der fünfziger Jahre geradezu als einen »Akt
der Befreiung«, als »Brechung des Abdrucks gesellschaftli-
cher Herrschaft«[150].

Die Wortführer dieser experimentellen bzw. konkreten Poesie (neben ihrem eigentlichen Begründer Eugen Gomringer
vor allem Franz Mon, Max Bense und die sogenannte Wiener Gruppe) sahen ihre Vorbilder vor allem im italienischen
Futurismus (Marinetti) und im Dadaismus (Hugo Ball, Kurt
Schwitters), zum Teil auch in Christian Morgenstern und
August Stramm.

Das für die moderne Literatur typische Gebot der Reduktion erstreckt sich in der konkreten Poesie nicht nur auf die Sprache, sondern auch auf den Gehalt, auf das also, was die Sprache *meint*. Damit verzichtet sie auf grammatische und syntaktische Fügungen, sie bricht aus der Strophen- und Versstruktur des traditionellen Gedichts und schließlich sogar aus der traditionellen »Vonlinksnachrechts-Abfolge des Textes« aus.[151] Die dichterische Sprache »besinnt sich auf sich selbst und wird zu ihrem eigenen Gegenstand«[152].

Diese Literatur will also nicht nur Ausdruck eines sich in Spiel und Experiment äußernden menschlichen Grundverhaltens sein, sondern zugleich auch Ausdruck des Aufbegehrens gegen die »lächerliche Leere der alten, von Homer ererbten Syntax«[153], wie dies schon Marinetti kurz nach der Jahrhundertwende in seinem futuristischen Manifest formuliert hatte: »Nach dem freien Vers das freie Wort. Befreite Worte ohne Syntax und Interpunktion, die das zusammenhängende Fließen des Intuitionsstroms behinderten, [sind] eine wichtige Errungenschaft der poetischen Technik.«[154]

Die das »Wort freisetzende« konkrete Literatur, eine internationale Strömung der modernen Lyrik (erstes Manifest für konkrete Poesie des Schweden Öywind Fahlström 1953), versucht in die äußersten Grenzzonen des sprachlich noch Realisierbaren vorzustoßen, zu dem, »was noch nicht« sagbar ist«. Sie ist bestrebt, »sozusagen ins Innere der Sprache einzudringen, sie aufzubrechen und in ihren verborgensten Zusammenhängen zu befragen. Was dabei herausgekommen ist, kann keine neue Sprache sein. Es ist eine Rede, die sich des Kontrasts zur überkommenen Syntax und zum überkommenen Wortgebrauch bedient.«[155] Sie sucht in Anlehnung an linguistische Theorien nach neuen Wirkungsmöglichkeiten der Sprache, die jetzt nicht mehr als Sinnträger, sondern nur noch als Material verwendet wird – analog etwa der abstrakten Malerei, in der sich Farbe und Form auch vom Inhaltlich-Gegenständlichen gelöst haben. Konkrete Poesie besteht zumeist aus alogischen, sinnfreien Wort- und Buchstaben-Zusammenstellungen, die sie unter Verzicht auf herkömmliche Aussage oder Mitteilung neu kombiniert, wobei sie sich oft von den Kontrastwirkungen des Sprachmaterials leiten läßt. Die Beschränkung in der Zahl der Wörter – am radikalsten im »Ein-Wort-Gedicht« – bewirkt, daß das isolierte Wort, aus den konventionellen Satzmustern herausgelöst, eine oft ungeahnte Bedeutungsfülle erhält.

Auf eine kurze Formel gebracht: Es werden sprachliche Elemente nach optischen oder akustischen Gesichtspunkten unter Verzicht auf sprachliche Sinnerfassung zu einer Komposition montiert.[156] Man will Sprache etwas aussagen lassen, aber nicht mehr etwas *mit* der Sprache aussagen.

Fast alle Experimente der konkreten Poesie folgen den beiden Grundregeln avantgardistischer Kunstentwicklung, die Heißenbüttel als »Reduktion« und als »Überschreiten von medialen Begrenzungen«[157] bezeichnet: Reduktion vor allem der Syntax, und zwar zugunsten der Semantik (Wort-Bedeutungslehre) und der Evokation (Hervorrufen einer Assoziationskette) durch das einzelne Wort. Franz Mon spricht in diesem Zusammenhang vom »Aufladen der Wortgestalt«; Eugen Gomringer: »das wort: es ist eine größe. [...] es besteht aus lauten, aus buchstaben, von denen einzelne einen individuellen, markanten ausdruck besitzen. es eignet dem wort die schönheit des materials und die abenteuerlichkeit des zeichens.«[158]

Der Dichter wird häufig zum »Sprachdesigner«, der durch Wortmalereien und raffinierte Textanordnungen, durch räumliche »Konstellationen« in den Zwischenbereich von Poesie und bildender Kunst vorstößt. Eugen Gomringer meint, daß durch die materielle (also »konkrete«) Anwesenheit von Wörtern im selben Raum etwas entsteht, »was dem Leser erlaubt, in der vom Dichter [...] bestimmten Struktur verschiedene Sinndeutungen anzunehmen und auszuprobieren«[159]. So wird der Leser geradezu »zum Mitautor, der den bedeutungsstiftenden Kontext selbst herstellen und hierfür eventuell eine Vielzahl gleichberechtigter Möglichkeiten akzeptieren muß«[160].

Gomringer bezeichnet seine Wort-Konstellationen auch als Sprachspiele, in denen sich Autor und Leser wie »Spielgeber« und »Mitspieler« verhalten.[161] Als Vorläufer solcher visuellen (typographischen) Literatur, deren Anfänge im Barock liegen, gelten Mallarmé (Würfel-Gedichte, 1897) und Apollinaire (*Calligrammes*, 1916).

Innerhalb der konkreten Lyrik unterscheiden wir zwischen visueller und akustischer Poesie, während eine Zwischenform, das audiovisuelle Gedicht, nur selten vorkommt. Die eigentliche visuelle Poesie – bzw. der in Frankreich entstandene sogenannte Lettrismus – greift auf Erkenntnisse zurück, die der Tscheche Karel Teige schon 1928 in seinem *Manifest des Poetismus* niedergelegt hat. In diesem Manifest bezeichnet er, eine »Poesie für alle Sinne« fordernd, das Wort als Flaggensprache, als Heraldik. Ideogramme, typographische Texte sind ihm »ein wichtiger Schritt zur Identifizierung der Poesie und Malerei«.[162]

Manche Textbilder Franz Mons, aber auch lettristische Gebilde wie die »Apfel-Lesefrucht« Reinhard Döhls, bei der sich das ständig wiederholte Wort Apfel zu einem runden Apfel-Umrißbild mit (dem Wort) Wurm gruppiert (vgl. S. 93), tendieren bereits mehr zur Graphik als zur Lyrik.

Zur *visuellen Poesie* gehören

– *Ideogramme und Piktogramme:* Während Ideogramme Gebilde aus Buchstaben bzw. Wörtern sind (gleichsam Bildwörter, so zusammengestellt, daß aus ihrer Anordnung die Wortbedeutung auch visuell zum Ausdruck gebracht wird), sind poetische Piktogramme »textanordnungen, deren erscheinungsbild absichtlich abbildende umrisse hat. es kann deshalb z. b. zuerst eine figur gedacht oder skizziert vorhanden sein, deren formen dann mit sprachmaterial aufgefüllt werden.«[163] Ein Beispiel ist das weiter unten erwähnte Figurenbild von Claus Bremer (vgl. auch S. 91).

– *Konstellationen und Permutationen:* Konstellationen sind Gruppen von (meist nur wenigen) Wörtern, die neben- oder untereinander gesetzt werden und, verschieden kombiniert, besondere Beziehungsgefüge ergeben. Die Permutation ist eine Sonderform der Konstellation, bei der eine kleinere Anzahl von Wörtern oder Satzelementen nicht frei miteinander verbunden, sondern nach den mathematischen Gesetzen der Permutation nahezu mechanisch kombiniert bzw. variiert wird.

Bei manchen Konstellationen sind Struktur und Bedeutungsinhalt identisch (Eugen Gomringer: *schweigen*, »Apfelgedicht« Reinhard Döhls, S. 92 f.).

Akustische Texte

Sie bedienen sich des Lautmaterials der Sprache und arbeiten vor allem mit einzelnen Buchstaben. Nähert sich die visuelle Poesie der Graphik bzw. der Malerei, so tendiert die akustische zur Musik und versucht manchmal sogar, Elemente der konkreten Poesie mit elektronisch-musikalischen Klängen zu verbinden. Zur akustischen Literatur gehören:

- *Laut- und Buchstabengedichte*, welche die lautmalenden Effekte der Sprache nutzen und sich bereits in der Barockdichtung und vor allem im Dadaismus finden. Ihr bedeutendster Gegenwartsautor, Ernst Jandl, sagt dazu: »Die Laute sind frei von Bedeutung, aber ihre Verwendung zur Auslösung von Assoziation liegt auf der Hand. [...] Ein Titel, dem Lautgedicht vorangestellt, kann die Assoziationen zusätzlich steuern.«[164] Er nennt seine Lautgedichte »Sprechgedichte«.
- *Dialektgedichte*, sie »gehören zu den wiederentdeckungen der konkreten poesie. [...] entgegen der erwartung sind sie in vielen fällen nicht nur sprechgedichte, sondern wesentlich visuelle dichtung.«[165] Es sind vor allem Autoren der »Wiener Gruppe«, die den Dialekt für die moderne Dichtung entdeckt haben. Dabei geht es diesen Autoren (Hans Carl Artmann, Gerhard Rühm, Friedrich Achleitner, Konrad Bayer u. a.) nicht um folkloristische Wiederbelebung der Mundart, sondern um deren lautlichen

Reichtum und die sprachexperimentellen und linguisti-
schen Möglichkeiten des Dialektes; auch um die zu Pro-
vokationen und um seine Affinität zum Kabarett.

Das *audiovisuelle Gedicht*

Es versucht, die visuelle Konstellation mit dem akustischen
Effekt zu verbinden, wofür Friedrich Achleitners »sprachliche Demonstration von Unruhe« ein Beispiel ist (S. 98).[166]

Die *serielle Lyrik*

Sie leistet das Äußerste an Entsinnlichung der Sprache.
Voraussetzung für diese rein mathematischen Permutations-
und Variationsgesetzen folgende Textgestaltung, deren
ästhetisches Maß sich sogar numerisch bestimmen lassen
soll, ist die moderne (strukturalistische) Linguistik. Sprache
wird hier nicht mehr als ein lebendiger Organismus, sondern
als »Funktionszusammenhang«, als ein »instrumentales
Operationssystem« verstanden.[167]
Führender Autor dieser Richtung (bzw. der sogenannten
Stuttgarter Gruppe) ist Max Bense, der mit seinen von der
mathematisch-kybernetischen Informationstheorie ausgehenden Programmschriften (z. B. *Theorie der Texte*, 1962)
die konkrete Dichtung maßgeblich beeinflußt hat.

Die wichtigsten Texte der konkreten Poesie sind:
- Eugen Gomringers *Konstellationen* und Modelltexte,
- Helmut Heißenbüttels Textbücher (u. a. *Topographien*
  und *Kombinationen*),
- Franz Mons *Artikulationen* und visuelle Texte,
- Claus Bremers engagierte und engagierende Figurenge-
  dichte,
- Ludwig Harigs Permutationen,
- Ernst Jandls Sprechgedichte,
- Dialekt- bzw. Mundart-Gedichte der (bis 1964 bestehen-
  den) Wiener Gruppe (H. C. Artmann, Gerhard Rühm,
  Friedrich Achleitner, Konrad Bayer, Oswald Wiener),

– Jürgen Beckers Typogramme,
– Peter Handkes Satzstrukturen und visuelle Texte,
– Max Benses Texte (z. B. *Dünnschliffe*).

Gomringer ist vom wirksamen Einfluß der konkreten Poesie auf die Gesellschaft, ja von deren Verantwortung ihr gegenüber überzeugt: Daß die konkrete Poesie »sprach- und gesellschaftskritisch ist, kann nur demjenigen entgehen, der zwar alles verändern möchte, im übrigen aber sprache sprache sein läßt«[168]. Eine dieser gesellschaftskritischen Möglichkeiten innerhalb der typovisuellen Literatur zeigt Claus Bremer auf, wenn er im Figuren-Gedicht Bild und Text einander widersprechen läßt, z. B. »Christusworte in die Figur eines mit aufgepflanztem Bajonett angreifenden Soldaten einschreibt«, so daß »der Inhalt hinter die Form ein Fragezeichen setzt und die Form hinter den Inhalt«[169]. Ähnlich verfährt er auch in dem auf Seite 91 wiedergegebenen Figurentext, wenn er der Figur einer Friedenstaube den revolutionären Kampfaufruf Che Guevaras einschreibt.
»Konkrete Dichtung versteht sich als ›totale Verantwortung für die Sprache‹, dies aber nicht in einem ästhetisch-schöngeistigen, sondern in einem durchaus politischen Sinn; als Verantwortung gegenüber der Gesellschaft.«[170]
Heißenbüttel spricht dem visuellen Gedicht darüber hinaus »meditationserweckende Funktion« zu. Und Gomringer meint, daß man in der konkreten Literatur zwar die Metapher vermisse, dabei aber übersehe, »daß ein kleines sprachelement, isoliert betrachtet, ein gar wunderliches und nützliches ding sein kann. man muß sich nur die mühe nehmen, es unter verschiedenen aspekten zu betrachten.«[171]
Die Bewertung der konkreten Poesie ist recht zwiespältig: Bewerten sie z. B. Max Rychner, Hugo Friedrich, Karl Krolow und Heinz Piontek negativ (mit Bezeichnungen wie »Sprachknochensplitter«, »Wörter- und Silbenschutt« bzw. Dichtung »hart an der Selbstmordgrenze«)[172], so halten sie andere – z. B. Christian Wagenknecht, Marianne Kesting oder Karin Thomas – für eine Literatur, »die ein umfassendes Ausdrucksinstrumentarium bietet«[173]. Sie diene der

»poetischen Erkundung sprachlicher Sachverhalte«[174] und trage damit zu dem Wandlungsprozeß »vom kulinarischen (Kunst-)Vergnügen zur experimentellen Problemerforschung der Umwelt« bei[175].

Heinrich Vormweg bezeichnet die konkrete Poesie als die einzige literarische Gegenposition zu den sich schnell verbrauchenden Nachkriegsformen deutscher Dichtung, weil sie »bewußt literarische Ansprüche zurückweist, um desto direkter nicht nur gesellschaftliche Sachverhalte zu vermitteln, sondern zugleich auch emanzipatorische Anstrengungen zu stimulieren«.[176] Andere halten ihr zugute, daß sie mit literarischen Mitteln gegen die Reduzierung und Sinnentleerung von Sprache ankämpfe: »die masse der unbrauchbaren Wörter nimmt rapide zu.«[177] Und schließlich stellt Hartmut Geerken fest: »Konkrete Poesie kann durchaus als Therapie zur Befreiung eingefahrener Denkgewohnheiten betrachtet werden. In dieser Dimension ist die konkrete Poesie eine politische Dichtung.«[178]

Der Einfluß der konkreten Poesie auf andere Literaturbereiche (Prosa, Hörspiel) wie auch auf bedeutende Schriftsteller (u. a. Walter Höllerer, Hans Magnus Enzensberger, Jürgen Becker, Oswald Wiener, Peter Handke) ist unbestritten. Dennoch hatte sie nach einer ersten Blütezeit um 1960 gegen Ende des folgenden Jahrzehnts ihren Höhepunkt bereits überschritten, so daß sie zu Beginn der siebziger Jahre »als literarische Phase weitgehend abgeschlossen scheint«[179].

Wenn die Möglichkeiten der – im engeren Sinne – konkreten Poesie, wie Timm Ulrichs 1972 feststellt, auch »bis zur Erschöpfung ausgebeutet worden« sind[180] – die Notwendigkeit einer experimentellen Literatur, also das Offensein auch für künftige Experimente, die die »Befreiung von Sprache aus dem Gefängnis des Gewohnten«[181] zum Ziel haben, wird davon kaum berührt. Darauf weist auch Ernst Jandl in seinem folgenden hintergründigen Gedicht *bibliothek* nachdrücklich hin. In diesem Gedicht, »eine neue drastische Variante von Konkretheit«[182], beklagt er dies Gefangensein der nur oberflächlich abgestaubten Literatur-Sprache:

89

die vielen buchstaben
die nicht aus ihren wörtern können

die vielen wörter
die nicht aus ihren sätzen können

die vielen sätze
die nicht aus ihren texten können

die vielen texte
die nicht aus ihren büchern können

die vielen bücher
mit dem vielen staub darauf

die gute putzfrau
mit dem staubwedel

7.5.8.1. Beispiele

1. Ideogramm

Timm Ulrichs

2. Piktogramm

Claus Bremer

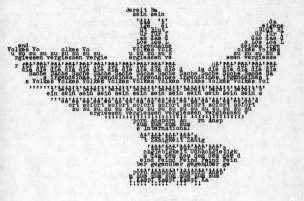

3. Konstellationen

Franz Mon: es

```
        s
      e   e
      e s e
    e s     s e
    e s     s e
  e e s s   e
    e s   s   e
  e s s e e s s e
  e s       s e
    e s     s e
    s   s   s
    s   s
      e
```

Eugen Gomringer

schweigen schweigen schweigen
schweigen schweigen schweigen
schweigen   schweigen
schweigen schweigen schweigen
schweigen schweigen schweigen

Eugen Gomringer

worte sind schatten
schatten werden worte

worte sind spiele
spiele werden worte

sind schatten worte
werden worte spiele

sind spiele worte
werden worte schatten

sind worte schatten
werden spiele worte

sind worte spiele
werden schatten worte

Eugen Gomringer

sonne   mann
mond   frau
sonne   frau
mond   mann
sonne   mond
mann   frau
    kind

Ernst Jandl:
wohin – wohin

wohin
wohin

dort
dort

der ort
der ort

schön
schön

fort
fort

Reinhard Döhl

ApfelApfelApfelApfel
pfelApfelApfelApfelApfelA
felApfelApfelApfelApfelApfe
ApfelApfelApfelApfelApfelApf
pfelApfelApfelApfelApfelApfel
ApfelApfelApfelApfelApfelApfe
pfelApfelApfelApfelApfelApfe
ApfelApfelApfelApfelApfelApfe
pfelApfelApfelApfelApfelApfel
ApfelApfelApfelApfelApf
elApfelApfelApfelWurmAp
felApfelApfelApfelApfel
pfelApfelApfelApfel
pfelApfelApfelA
pfelApfel

93

4. Permutationen

Hermann Jandl:
begriffe

steinweich
käsehart
sauschön
bildblöd

käseweich
sauhart
bildschön
steinblöd

sauweich
bildhart
steinschön
käseblöd

bildweich
steinhart
käseschön
saublöd

Friedrich Achleitner

wos
na
ge

ge
na
wos

na
wos
ge

```
              ge
              wos
              na

              wos
              ge
              na

              na
              ge
              wos
```

5. Laut- und Buchstabengedicht

Ernst Jandl

```
schtzngrmm
schtzngrmm
t–t–t–t
t–t–t–t
grrrmmmmm
t–t–t–t
s———c———h
tzngrmm
tzngrmm
tzngrmm
grrrmmmmm
schtzn
schtzn
t–t–t–t
t–t–t–t
schtzngrmm
schtzngrmm
tsssssssssssss
grrt
grrrrrt
grrrrrrrrrt
```

scht
scht
t–t–t–t–t–t–t–t–t
scht
tzngrmm
tzngrmm
t–t–t–t–t–t–t–t–t
scht
scht
scht
scht
scht
grrrrrrrrrrrrrrrrrrrrrrrrrrrrrr
t–tt

6. Dialektgedichte

Ernst Jandl

loch
loch
loch doch
so loch doch
so loch doch schon
so loch doch
doch doch
loch

üch loch müch kronk

Gerhard Rühm

amoe ka zweits moe
zwamoe ka drits moe
dreimoe ka viats moe
viamoe ka fümpfts moe
fümfmoe sexmoe sibm ocht neinmoe
zenmoe öfmoe des is schee

Friedrich Achleitner

1. koa aonung
   von
   duddn und blosn
   owa
   a nosn
   a nosn
   middn im gsichd

2. bix
   bum
   fix

   nix

bix: Büchse, Flinte; *fix:* Kruzifix.

Konrad Balder Schäuffelen:
umulmrum

nach mencha   nei
nach seflenga   naus
nach schturgert nontr
  ens allgai   nauf
        diller nauf

nach neiulm   nom
  ens boirische niber
nach elchenga   na
        dona na

7. Audiovisuelles Gedicht

Friedrich Achleitner

ruh
und
ruh
und
ruh
und
ruh
und ruh und ruh und ruh und
ruh
und
ruh
und
ruh
und
ruh

8. Serieller Text

Max Bense

Ist, Anna war, Livia ist, Plurabelle wird sein; die Sache ist, und sie ist, nur weil sie ist, und wenn es weniger als irgend etwas ist, daß jeder Tag heute ist, und sie sagen, daß jeder Tag ist, wie sie sagen, so ist der Schnee weiß

7.5.8.2. Erläuterungen zu einigen konkreten Texten

Gomringer und andere Autoren der experimentellen/konkreten Poesie warnen vor Interpretationen ihrer Texte in der herkömmlichen Art, da sie von ihrer spielerischen Assoziationskraft nur ablenkten. Ein paar Hinweise zum besseren Verständnis einiger dieser Texte seien dennoch gewagt:

Timm Ulrichs Ideogramm, *stets* (S. 90): Hier handelt es sich um ein Palindrom, also um ein Wort, das sich gleich bleibt, ob es vorwärts oder rückwärts gelesen wird. Die Bedeutung des Wortes »stets« wird auch visuell zum Ausdruck gebracht, und zwar durch die nicht endenden Kreisbewegungen der Buchstaben »s« und »t« um das eingeschlossene »e«, so daß sich, von welcher Richtung her man auch liest, achtmal das gleiche Wort ergibt, Schriftbild und Wort also identisch sind.[183]

Franz Mons Buchstabenfiguration *es* (S. 91) ist von Wolfgang Kopplin etwa so interpretiert worden: Ganz oben, einsam, schlangenhaft, der Zischlaut »s«. Darunter, glotzäugig, das in sich verkrümmte »e«. Die dritte Zeile täuscht eine Dreierstruktur vor, sie zeigt erstmalig das Thema »es«, dem nachklappend noch ein »e« folgt ... Die Überschrift läßt nicht nur an das unbestimmte Pronomen »es« denken, sondern auch an die zentrale Kategorie der Tiefenpsychologie, desgleichen an eine bekannte Zeitschrift sowie an einen berühmten Film der sechziger Jahre um ein ungeborenes Kind.[184]

Die Wortkonstellation Ernst Jandls *wohin – wohin* (S. 93) könnte gedeutet werden als der ewige Wunsch des Menschen, der sich, mit einem einmal erreichten Ziel nicht zufrieden, immer wieder einem neuen zuwendet.

Hermann Jandls Permutation *begriffe* (S. 94): Vier zusammengesetzte Adjektive werden in ihre zwei Bestandteile zerlegt. Der zweite Teil, das Grundwort, bleibt in allen Strophen an seiner Stelle, während das Bestimmungswort von Strophe zu Strophe verschoben wird. Die Variationen der vier eigentlichen Bestimmungswörter »käseweich, steinhart, bildschön, saublöd« schaffen ganz neue fremdartige Begriffsbildungen, die nachdenklich stimmende Assoziationen wecken können. Bemerkenswert, daß das Wort »saublöd« an die letzte Stelle gesetzt ist.[185]

In Friedrich Achleitners Permutation *wos na ge* (S. 94) genügen einem skeptischen Sprecher drei Kurzwörter der Wiener Mundart, um sein Erstaunen seinem Gesprächspartner gegenüber auszudrücken, den er durch seine nur scheinbar ungläubigen Fragen zu weiterem Reden herausfordert. Zugleich zeigt dieser Text die »Schrumpfform einer Kommunikation«.[186]

Ernst Jandls Sprechgedicht *schtzngrmm* (S. 95): Das Wort »Schützengraben« wird auf sein Konsonantenskelett reduziert, mit Ausnahme der beiden letzten durch »m« ersetzten Konsonanten. Dies Skelett wird wieder in sich zerlegt und rhythmisch neu geordnet, bis endlich ein »t–tt« herausgefiltert wird, was akustisch »tot« assoziiert. Der besondere Reiz dieses (auf Schallplatten von Jandl selbst sehr wirkungsvoll gesprochenen) Gedichts liegt in der Ambiguität von vorgegebener Semantik und der Materialität der durchgespielten Konsonanten.[187]

Das Dialekt-Gedicht Ernst Jandls *loch* (S. 96): Der besondere Reiz dieses Textes liegt in der Verfremdung der Wiener Mundart, die dem Leser erst in der letzten, nach rechts unten abgesetzten Zeile bewußt wird. Der mehrfachen Aufforderung, doch zu lachen, wird der Leser daher erst am Schluß nachkommen können.

Der audiovisuelle Text Friedrich Achleitners *ruh* (S. 98) ist eine sprachlich-visuelle Demonstration von Unruhe. In dem »ruh und« steckt der Gegensatz zwischen der Bedeutung des Wortes »ruh« und der rhythmischen Bewegung, die horizontal nach rechts ausbricht.[188]

7.5.9. Das neue deutsche Erzählgedicht

Der Begriff »Erzählgedicht« geht auf die von Heinz Piontek 1964 herausgegebene Anthologie *Neue deutsche Erzählgedichte* zurück.[189] Er wird heute allgemein der Bezeichnung »moderne Ballade« vorgezogen. Piontek hat auch versucht, den bei ihm sehr weit gefaßten Begriff des Erzählgedichts näher zu bestimmen und ihn von dem der herkömmlichen Ballade abzugrenzen.

Die alte Ballade, schon in der Zeit der Neuromantik »ver-

holzt«, in der Hitlerzeit als »aufgepulverte Geschichtsanek-
dote« zur Verherrlichung von »Preußens Gloria« endgültig
zugrunde gerichtet, ist (Piontek folgend)[190] vor allem durch
Brechts Rückgriff auf Bänkelsang und zeitgemäßen Song aus
»ihrer Versteinerung« erlöst worden, so daß Brecht, der
Begründer des epischen Dramas, zugleich als der fruchtbar-
ste Anreger, wenn nicht als der eigentliche Schöpfer einer
epischen Lyrik gelten kann. Brecht, der auch die verfremdende Wirkung des Bänkelsangs nutzte, schuf u. a. mit
seiner *Legende von der Entstehung des Buches Taoteking*
das Vorbild für diesen neuen Gedichttyp.

Im Gegensatz zur alten Helden- oder Legenden-Ballade mit
ihrem Hang zum Archaisieren, ihrer emotionellen Überhöhung der Handlungsdarstellung, ihrer Tendenz zum Numi-
nosen, zu düsterer Dramatik und zum Hintergründig-
Schicksalhaften ist das neue Erzählgedicht, zeitbezogen und
engagiert, ein »kommunikativer, rational durchsichtiger
Gedichttypus«[191]. Statt den Leser emotionell zu überwälti-
gen, will das Erzählgedicht intellektuell überzeugen, statt an
das Gefühl zu appellieren, bemüht es sich um epische
Distanz. Es meidet Pathos und szenische Darstellung, ist in
seiner Diktion trocken, unsentimental, ironisch, mitunter
auch zynisch. Anstelle des heroischen Einzelschicksals der
alten Ballade (mit ihrer Wiedergabe von äußerem und inne-
rem Vorgang) schildert es, manchmal fast banal-vordergrün-
dig, die Dramatik des allgemeinen Menschenloses.

Nach der Begriffsbestimmung Pionteks sprengt dieser
Gedichttyp den Rahmen der konventionellen Ballade auch
insofern, als er sowohl Spielarten der lyrischen Groteske
und Abwandlungen der Romanze umfaßt wie lapidare, einfache Berichte, Dialog-Gedichte und sogar – als eigenen
Typus dieser Kategorie – das Künstlerportrait.

Als *Grundelemente* des Erzählgedichts nennt Piontek[192]:

– den kurzen gedrungenen Vers, den Chronikton, einen
  neuen Moritatenton, nämlich großstädtisch-ironisch, def-
  tig, witzig-zärtlich, parodistisch, grotesk-absurd, »ka-
  schemmentraurig«;

- einen vorherrschend nominalen, häufig auch einen Stak kato-Stil, so daß das Erzählen sich oft auf additiv aufge führte Einzelheiten, auf Aufzählen von Stichwortreiher beschränkt;
- den Verzicht auf den Helden der alten Ballade, der durcl eine anonyme Figur ersetzt wird;
- Sachlichkeit, Hinwendung zum Alltäglichen und Abkeh von der Chronologie;
- den überwiegend antibürgerlichen Effet mit Neigung zum Provozieren;
- Sensibilität gegenüber dem politischen Zeitgeschehen;
- Besorgtheit um die soziale Rolle einzelner oder einzelner Gruppen.

Neigt das Erzählgedicht seiner *Form* nach eher zum Typus des langen Gedichts, so finden sich doch auch Gedichte von äußerster Konzentration, die dem lakonischen Gedicht nahekommen. Zwar ist auch die liedhafte Form mit Reim, Rhythmus und Refrain noch vertreten, doch setzt sich die Tendenz zur Reimlosigkeit, zum Parlandoton mehr und mehr durch. Bei allem Streben nach Nüchternheit und Sach lichkeit bestimmen aber auch oft spielerische Impulse und alogische Kombinationen das Erzählgedicht, das auf jede »moralische Nutzanwendung« verzichtet. Nicht selten fin den sich selbst inmitten eines realistischen Textes phantasie bestimmte Züge, wie andererseits balladeske Fabeln und visionäre Bilder voller Magie und Metaphorik anzutreffen sind. Heinz Graefe fordert vom Erzählgedicht, daß in seiner Welt etwas geschehen müsse und daß dies Geschehen »die Qualität des Einmalig-Besonderen habe«. »Das Sprachmittel der erzählenden Rede sind daher die Aussagesätze in Form von assertorischen [= Tatsachen behauptenden] singulären Urteilen. Sie behaupten Vorgänge und Ereignisse als einma lig-besondere Tatsachen.«[193]

Gegenstand des Erzählgedichts sind u. a. die Schrecken der beiden Weltkriege, die Unmenschlichkeit der Nachkriegs zeit mit ihren Flüchtlingsströmen, das geteilte Deutschland, die Situation Berlins, das Elend der dritten Welt, die Gefähr dung der Natur- und Kunstlandschaft.

Im Gegensatz zu Pionteks sehr weitgefaßter Begriffsbestimmung will Heinz Graefe in seiner wissenschaftlichen Arbeit über das Erzählgedicht (1972)[194] diesen Gedichttyp auf das ein erzählerische Element beschränkt wissen, so daß er mehr als die Hälfte der von Piontek zusammengestellten Erzählgedichte als solche nicht anerkennt und alle Lehr- und Traktatgedichte, alle beschreibenden und erörternden, alle naturmagischen und Klage-Gedichte aussondert. Graefe versucht auch nachzuweisen, daß das Erzählgedicht keine Neuschöpfung des 20. Jahrhunderts ist, daß z. B. schon Goethes *Legende vom Hufeisen* oder *Amor als Landschaftsmaler* ebenso wie Heines *Der Dichter Firdusi* dem Typus des Erzählgedichts zuzurechnen sind.[195]

Das Kriterium Graefes bei der Begriffsbestimmung des Erzählgedichts: »Im Erzählgedicht spricht ein Erzähler, in der ›reinen‹ Lyrik ein lyrisches Ich.«[196]

Wie immer man das Erzählgedicht definieren und abgrenzen mag, sicher ist, daß es – als moderne Entwicklungsform der Ballade – heute zum wesentlichen Bestand der modernen Literatur gehört.

7.5.9.1. Beispiele

Ingeborg Bachmann: Landnahme

> Ins Weidland kam ich,
> als es schon Nacht war,
> in den Wiesen die Narben witternd
> und den Wind, eh' er sich regte.
> Die Liebe graste nicht mehr,
> die Glocken waren verhallt
> und die Büschel verhärmt.
>
> Ein Horn stak im Land,
> vom Leittier verrannt,
> ins Dunkel gerammt.

Aus der Erde zog ich's,
zum Himmel hob ich's
mit ganzer Kraft.

Um dieses Land mit Klängen
ganz zu erfüllen,
stieß ich ins Horn,
willens im kommenden Wind
und unter den wehenden Halmen
jeder Herkunft zu leben!

Christa Reinig: Die Gerechten

Als schuster Baruch schon im sterben lag
stach er die letzten nähte an den schäften
beschloß noch hier und da mit zwirn zu heften
sein atem stand – und weiter ging der tag

hätt' er gelesen daß die schöpfung ruht
auf acht erwählten die gerecht und wahr sind
die niemand kennt und niemals offenbar sind
vielleicht hätte er uns sorgloser beschuht

jedoch die sage war ihm nicht bekannt
nicht auf erwählte warf er seine plagen
und was er trug hat er allein getragen
jetzt rollte ihn ein fuhrwerk über sand

und nur der fuhrknecht bog den nacken tief
er hörte plötzlich auf den gaul zu prügeln
stieg ab und hielt die hand leicht in den zügeln
und fortan sah man wie er bergwärts lief

Christa Reinig: Briefschreibenmüssen

Hier ist nichts los – außer
daß alle kinder ahornnasen tragen.

Hans Bender: Heimkehr

Im Rock des Feindes,
in zu großen Schuhen,
im Herbst,
auf blattgefleckten Wegen
gehst du heim.
Die Hähne krähen
deine Freude in den Wind,
und zögernd pocht
dein Knöchel
an die stumme,
neue Tür.

Hans-Jürgen Heise: Dich

Dich haben sie erschossen
mich vertrieben

Und nun verteidigen sie
mit Gewehren
dein Grab
gegen meine Blumen

Rainer Brambach: Paul

Neunzehnhundertsiebzehn
an einem Tag unter Null geboren,

rannte er wild über den Kinderspielplatz,
fiel, und rannte weiter,

den Ball werfend über den Schulhof,
fiel, und rannte weiter,

das Gewehr im Arm über das Übungsgelände,
fiel, und rannte weiter

an einem Tag unter Null
in ein russisches Sperrfeuer

und fiel.

Johannes Bobrowski: Bericht

Bajla Gelblung,
entflohen in Warschau
einem Transport aus dem Ghetto,
das Mädchen
ist gegangen durch Wälder,
bewaffnet die Partisanin
wurde ergriffen
in Brest-Litowsk,
trug einen Militärmantel (polnisch),
wurde verhört von deutschen
Offizieren, es gibt
ein Foto, die Offiziere sind junge
Leute, tadellos uniformiert,
mit tadellosen Gesichtern,
ihre Haltung
ist einwandfrei.

Erich Fried: Die Hinrichtung

Drei Bäume wurden
rechtskräftig schuldig befunden
den Landfremden mit ihren Blättern
Deckung gewährt zu haben

Das Urteil wurde vollstreckt
vor versammeltem Volke
vorne die Kinder
nach Schulen mit ihren Lehrern

Die Bäume wurden
zuerst ihrer Blätter beraubt
dann gehenkt an ihren Zweigen
daß sie baumelten wenn der Wind kam

Die Kinder sangen
das Lied von der Waldeinsamkeit
und preßten in Schulbüchern Blätter
als warnendes Beispiel.

7.5.9.2. Erläuterungen

Heinz Graefe hat in seiner oben angeführten Arbeit versucht, für die zahlreichen Varianten des Erzählgedichts eine Typologie des deutschen Erzählgedichts im 20. Jahrhundert zu entwerfen«. In diesen Erläuterungen steht hinter jedem der Gedichte der Typenbegriff, den Graefe ihm zugeordnet hat. Die z. T. weiterreichenden Interpretationen der Gedichte folgen – mit zwei Ausnahmen – seiner Arbeit.
Ingeborg Bachmann: *Landnahme*. Es handelt sich um ein skizzenhaft erzählendes Gedicht, das den Vorgang der Landnahme in einer archaischen Hirtenwelt mythenhaft beschwört.
Christa Reinig: *Die Gerechten*. Von Graefe der Abteilung Episodengedicht« zugeordnet: »Der Dichter stellt das Geschehen [...] als relativ lückenlosen logischen, räumlichen und zeitlichen Zusammenhang dar.« Inhaltlich knüpft das Gedicht an die jüdisch-chassidische Legende von den drei Gerechten an, deretwegen der Herr das sündige Volk nicht verderben werde.
Christa Reinig: *Briefschreibenmüssen*. Dieser Zweizeiler,

das kürzeste Erzählgedicht, ist ein Situationsgedicht. »Die Poetizität des Textes wird durch die Spannung [...] zwischen dem negativen Urteilssatz und der ihm folgenden Ausnahme begründet.« Der Zweizeiler steht an der Grenze zwischen Vers- und Prosagedicht. »Ahornnasen weist auf die ›doppelt geflügelten Früchte des Ahornbaumes‹ hin und auf das beliebte Kinderspiel mit diesen Ahornnasen.«

Hans Bender: *Heimkehr*. Ein sprecherorientiertes Erzählgedicht, dessen Sprecher sein eigenes Handeln »beobachtet und im inneren Monolog mitteilt«[197].

Hans-Jürgen Heise: *Dich*. Ein adressaten-orientiertes Erzählgedicht; zugleich ein Epitaphgedicht, in dem mit der »Technik des Pointengedichts zwei Aussagen einander gegenübergestellt werden«. Die Zustände des Erschossen- und des Vertriebenseins werden zeitlich klar abgestuft in »Damals« und »Heute«.

Rainer Brambach: *Paul*. Dies erzählende Pointengedicht, ebenfalls ein Epitaphgedicht, stilisiert den Lebenslauf des Mannes Paul zu einem Wechselspiel von Rennen und Fallen. Das Gedicht hat die Struktur einer Ringkomposition, in der Anfang und Ende des Gedichts miteinander korrespondieren; es »pointiert in seiner lapidaren Kürze [den] endgültige[n] Abschluß des Lebenslaufs«.

Johannes Bobrowski: *Bericht*. Dieses gegenstandsorientierte Erzählgedicht in freien Rhythmen verdankt seine Entstehung einem Foto, »das die gefangene Partisanin im Verhör durch drei deutsche Offiziere zeigt«. In einem Begleittext zum Foto ist von Henkern die Rede. Der Autor ersetzt diesen Begriff durch die ironische Charakteristik der Offiziere, deren »tadellose Erscheinung und einwandfreie Haltung [er] hervorhebt, eine wirkungsvolle Steigerung der Aussage«.

Erich Fried: *Die Hinrichtung*. In diesem grotesken Erzählgedicht, in dem drei Bäume zum Tode verurteilt und exekutiert werden, »nähert sich die Sprache stilistisch dem Amtsdeutsch eines Gerichtsurteils oder Hinrichtungsprotokoll an«. Das Gericht »deutet die passive Rolle der Bäume in ein aktive Rolle um: sie haben den Fremden Deckung gewährt und damit Beihilfe zu einem Verbrechen geleistet«. Es handelt sich bei dieser satirischen Groteske um ein gegenstandsorientiertes Erzählgedicht.

7.5.10. Die lyrische »Postmoderne«

Nach der von Sprachmagie und Hermetik bestimmten Phase des »goldenen Lyrik-Jahrzehnts« der fünfziger und frühen sechziger Jahre kommt es, nachdem die Welle der politischen und Agitprop-Lyrik verebbt ist und auch die konkrete Poesie sich auf zwei internationalen Kongressen kurz nach 1970 gleichsam verabschiedet hat, nur wenige Jahre später zu einer überraschenden Blütezeit der Lyrik, die zum eigentlichen literarischen Ereignis um die Mitte der siebziger Jahre wird. Die Neuentdeckung des Poetischen und der Subjektivität ist für viele so überraschend, daß man 1975 geradezu von einer »Tendenzwende« gesprochen hat.[198] Um diese Zeit gibt es plötzlich wieder eine »gemeinsame Sprechweise zahlreicher Autoren, die aber niemals als Gruppe« auftreten.[199] Ihr Vorbild ist u. a. der bedeutende chilenische Dichter und Nobelpreisträger Pablo Neruda (vgl. Volker Brauns Gedicht, S. 117).

Dennoch ist es kaum möglich, von dieser in sich zu widerspruchsvollen jüngsten Literaturentwicklung ein einheitliches Bild zu zeichnen. Nicht zu Unrecht nennt daher der Literaturkritiker Marcel Reich-Ranicki die Zeit der siebziger Jahre, literarhistorisch gesehen, eine Übergangszeit, die kaum Zusammenhänge erkennen läßt: »Wenn die deutsche Literatur der 70er Jahre auf einen Nenner zu bringen ist, so höchstens auf den, daß sie sich auf keinen Nenner bringen läßt.« Nach der »kollektiven Euphorie« der zur »Magd der Politik degradierten Literatur« folge jetzt eine »Literatur des Rückzugs«, die Entdeckung des Individuums, des Einzelmenschen. Man interessiert sich wieder für das Private, für das Intime.[200] »Ich bin die mir selbst am besten bekannte

Versuchsperson«, schreibt Hubert Fichte.[201] Und in einem Gedicht von Gabriele Wohmann ist zu lesen: »Bei meinem Versuch, nach etwas Belangvollem Ausschau zu halten / Mich den wahren Sorgen der Menschheit zuzuwenden und von mir abzusehen, / bin ich auf mich gestoßen.«[202] Böll warnt in Stockholm 1973 davor, »die Poesie, die Sinnlichkeit der Sprache zu denunzieren.« »Die Vokabel Dichtung hört auf, ein Schimpfwort zu sein.«[203] Und selbst Rühmkorf bekennt 1975: Die Zeit, da man »den bloßen Gedanken an eine nicht tagespolitisch thematisierte Poesie zur sittlichen Verfehlung stempelte«, ist überwunden.[204] Drei Jahre später schreibt er: »Was diese Poeten, ungeachtet ihrer individuellen Spielfarben, verwandt erscheinen läßt, ist die meist recht unzimperlich selbstbewußte Herauskehrung eines Ich von ziemlich gleicher Herkunft (klein- bis mittelbürgerlicher), ähnlichem sozialen Status (literarisches Wanderarbeitertum) und vergleichbarem politischen Werdegang. [...] Fast bei allen in Frage stehenden Autoren datiert die Geburtsstunde des neuen Ich-Gefühls mit Zerfall der Studentenbewegung«.[205] Wenn in den siebziger Jahren das Pendel also wieder zurückschlägt von der Wir-Lyrik zur Ich-Lyrik einer neuen Subjektivität bzw. Sensitivität, so sollten doch dabei (nach Jürgen Theobaldy) die Erfahrungen eines gewöhnlichen, nicht eines ungewöhnlichen Individuums zur Sprache kommen, bestimmt für alle, die »in den Zügen der deutschen Bundesbahn zweiter Klasse sitzen«.[206]

Wie kaum in einer anderen Literaturphase schwankt diese Lyrik in der Beurteilung ihrer Zeit zwischen zukunftsgerichtetem Optimismus und äußerstem Pessimismus.

Günter Kunert gibt den dunklen Grundton an, voll skeptischer, resignierender Reaktion auf das »Verströmen der Hoffnung und der Tage«, dennoch sieht er einen Hoffnungsschimmer für das Gedicht von heute: »Zur Unterdrückung nicht brauchbar, von Unterdrückung nicht widerlegbar.«[207] Äußerste Skepsis äußert der Altmeister der Literaturwissenschaft Hans Mayer, wenn er fragt, »ob es noch sinnvoll ist zu schreiben: im Angesicht einer Gefahr, daß nichts davon auf irgendeine Nachwelt kommen wird«[208].

110

Und schließlich, 1984, der Verzweiflungsakt Wolfgang Hildesheimers: künftig nicht mehr zu schreiben. »Ich glaube, daß in wenigen Generationen der Mensch die Erde verlassen wird. [...] Wenn ich am Schreibtisch sitze und nachdenke, dann guckt mich das bare Entsetzen an über unsere Zeit und unsere Lage, so daß ich absolut gelähmt bin.«[209]

Dagegen bezeugt der DDR-Autor Lutz Rathenow die mögliche Stärke des Gedichts von heute: »Es dient mir als Stütze / und zum Schlag ist es gut.«[210] Ähnlich äußert sich Erich Fried zu seinem 1974 erschienenen Gedichtband *Gegengift*. Gegen die Zementierungen menschlicher Verhaltensweisen setzt er die Titel-Metapher und ruft damit »die jugendlichen Scharfmacher der Revolution ebenso zurück wie die Falschspieler der Nostalgie«[211].

Lyrik als Gegengift gegen gesellschaftliche Versteinerungen, so will schließlich auch der DDR-Autor Volker Braun mit seinem im gleichen Jahr (in der Bundesrepublik) herausgekommenen Gedichtband *Gegen die symmetrische Welt* sich verstanden wissen: »Ich lösche die Losung von meinen Wänden / Steig aus den Parolen wie ein Dieb / Auf der Straße ohne Vorsatz, mit bloßem Auge.«[212]

Gegen die Gefahr des Sich-Verlierens in Schreckvisionen wendet sich auch Peter Handke: »Sicheres Zeichen, daß einer kein Künstler ist: wenn er das Gerede von Endzeit mitmacht.«[213] Hans-Jürgen Heise bekennt: Lyrik bricht »den Panzer auf, sprengt die Charakterhülsen, die wir uns überstülpen«.[214]

Welche Faktoren haben zu dieser Neuentdeckung der Wirklichkeit – man spricht auch von einem »subjektivistischen Realismus«, einer »neuen Innerlichkeit«, einer Lyrik der Selbsterfahrung – beigetragen? Es sind vor allem vier Ursachen zu nennen:

– Nachwirkungen der politischen Lyrik, auch ihres antikünstlerischen Affekts;
– Höllerers Thesen vom »langen« Gedicht und die Entwicklung des Lakonismus. Die sowohl beim langen Gedicht als auch bei der Postmoderne zu beobachtende Tendenz zu gleichwertig gereihten Aussagen, zur Vermei-

111

dung finaler und kausaler Konjunktionen und zur Beibehaltung der Präsensform zeugt von einer bemerkenswerten Verwandtschaft beider Stilrichtungen;

- Das Programm der von Herbert Marcuse geforderten »neuen Sensibilität«, das eine neue Erlebnisfähigkeit und Wirklichkeitserfahrung unter besonderer Berücksichtigung des Sinnlichen, des Spielerischen, der Muße und Kommunikationsbereitschaft anstrebt[215];
- Einflüsse der amerikanischen Beat-, Pop- und Subkultur[216], die sich als Anti-Kunst begreift und nicht nur eine auf Schockwirkung abzielende Protestbewegung ist, sondern auch eine »Auseinandersetzung mit trivialen Formen des Massenkonsums«. Ihre literarischen Texte bedienen sich der Muster und Techniken der Trivialliteratur und sind zumeist »ein Realitätsgemisch aus banaler Alltäglichkeit, Amerikanismen, Obszönitäten und Filmreminiszenzen, in denen [...] Klosettvorrichtungen, Pin-up Girls, Fernsehapparate und Coca-Cola-Flaschen bunt durcheinander wirbeln«[217].

Wenn die Lyrik der Postmoderne auch schwerlich auf einen gemeinsamen Nenner zu bringen ist, so soll doch versucht werden, einige besondere – wenn auch manchmal sich widersprechende – Stilzüge dieser vierten Phase der Lyrik herauszustellen.

Einige Stilzüge des neuen Realismus der Postmoderne

- Er ist mit Sicherheit, um es einmal negativ auszudrücken, weder hermetisch noch artistisch, weder surrealistisch noch psychologisch, weder agitatorisch noch experimentell oder konkretistisch;
- das politische Gedicht tritt in den Hintergrund, aber man läßt bei aller Ich-Zuwendung die gesellschaftlichen Perspektiven nicht außer acht; zum Teil wendet man sich einem neuen Aktivismus (etwa in Umwelt- und Atomfragen) zu. Theobaldy schreibt (1980): »Kein Sieg heißt auch, kein Ende; [...] / Die Utopien sind zurück, sind / in

die Schubladen gepackt worden [...]. / Ich weiß, es wird eine andere Zeit kommen«[218];

- soziologische Themen treten gleichfalls zurück, desgleichen scheint – nach der »Enttabuisierung des Intimbereichs« – der Nachholbedarf an sexueller Emanzipation geringer geworden zu sein. Von Liebe ist selten die Rede, und wenn von Sex, dann oft von beschädigter Sexualität; diese besitzt häufig nur noch Erholungsfunktion von gesellschaftlichen Zwängen[219];

- die Beziehungen zwischen den Geschlechtern, aber auch das Verhältnis zur Mitwelt sind von »Charme und Spott, Lässigkeit und Schärfe, Melancholie und Schnoddrigkeit«[220] bestimmt, wie sie etwa Wolf Wondratscheks Gedicht (S. 124) kennzeichnet;

- eine neue »Sensibilität«, die sich äußert in einer sinnlicheren Einstellung zur Welt, in der Entdeckung der Gleichwertigkeit der Frau, in der Zuwendung zu sozialen Randgruppen, in der Wiederentdeckung und fast liebevollen Hinwendung zur Natur, in der Kultivierung des heimischen Bereichs und im verstärkten Engagement für den Frieden: der Schriftsteller wird geradezu »Spezialist für die unterdrückte Natur des Menschen«[221];

- eine neue Innerlichkeit, die das Interesse für Autobiographisches, Heimatliches und Mundartdichtung geweckt hat, die aber weder Flucht in den Narzismus noch etwa Weltfremdheit bedeutet;

- Forderung einer neuen Natürlichkeit: alltägliche, fast private Themen werden in der Alltagssprache, oft in fast plauderndem Ton behandelt; häufig wird der Leser direkt angesprochen.[222]

- die Momentaufnahme, der sogenannte »snap-shot« des von der Pop-Literatur beeinflußten Autors Rolf Dieter Brinkmann, desgleichen die Alltagsnotiz mit häufigen Orts- und Zeitangaben im Titel; der Ruf geht nach Gedichten von »aufregender Alltäglichkeit«;

- Mitteilung statt Monolog, Erlebnis statt Idee, Wörter statt des Worts, Umgangssprache statt Chiffre, »damit entziehen sich die neuen Gedichte der Verfügungsgewalt weniger Spezialisten, ohne deswegen bessere Schlagertexte zu sein«[223];

– Anerkennung der Vielfalt lyrischer Sprechweisen: »Der Vers darf nicht allzuweit von Nachricht, Reizwort, Umgangssprache, sprachlichen Versatzstücken entfernt werden. Bericht, Erzählung, Beschreibung schieben sich als Sprechhaltung und Gattung in den Vordergrund«. Beliebt ist der prosanahe Parlandoton[224];

– Peter Handke wie Rolf Dieter Brinkmann fordern einen gegenstandsnahen Detailrealismus, der einer verharmlosenden Sicht der Wirklichkeit vorbeugen soll;

– es besteht die Gefahr einer »negativen Sensibilisierung«, die nur die »Fixierung des Menschen an das, was ihn niederzieht, bewirkt«[225] und ihn in den Traum, die Utopie, den Rausch und die Ekstase, in die »Reise nach innen« mit dem Wunsch nach Bewußtseinserweiterung durch Drogen flüchten läßt, stark beeinflußt von der psychedelischen Subkultur und der Popszene.

Sprache, Form und Inhalt

Hinsichtlich der *Sprache* und *Form* sind zwei entgegengesetzte Richtungen festzustellen. Einerseits neogrobianische Töne, Gossenjargon, ordinäre Sprechweise (»dirty speech«) mit der Absicht, durch Schockeffekte der Gleichgültigkeit des Bürgers entgegenzuwirken; desgleichen ein schnoddriger Lakonismus, auch als »Sprechblasenjargon der Turnschuhgeneration« bezeichnet[226]. Aufschlußreich ist Heinz Pionteks Feststellung: »Im Gegensatz zum kanonisierter modernen Gedicht ist das heutige viel weniger ›schön‹. Die Vollkommenheit der Form nach ästhetischen Regeln, die selbst Revolutionäre wie Benn und Brecht selten zu ignorieren wagten, findet so gut wie keine Verfechter. Metrum, Reim, Strophenform, Wohlklang, Erlesenheit – all das ist einer trocknen, spröden, ja rüden Ausdrucksweise gewichen. Man verhält sich einsilbig, geizt mit Bildern, selbst in ängeren Poemen kommt kaum Pathos auf. Niemand schreibt mehr für die Ewigkeit.«[227]

Auf der anderen Seite ist etwa seit 1977 eine Form-Debatte in Gang gekommen, in der das häufig fehlende kritische Formbewußtsein mancher moderner Autoren beklagt wird. Peter Wapnewski weist darauf hin, daß die Grenze zwischen Prosa und Lyrik nicht beliebig sein kann, daß ein Gutteil dessen, was heute als Lyrik angeboten werde, »steckengebliebene Prosa, Schwundform des Essays, Tagebuch im Stammellook« sei.[228] Auch gibt es Anzeichen dafür, »daß die Scheu vor metaphorischen Aussagen« schwindet, so etwa in Nicolas Borns letzten Gedichten, bei Jürgen Becker, Karin Kiwus und anderen.[229] Die Hinwendung zu poetischen Traditionen, manchmal sogar zu klassisch strengen Formen (Ulla Hahn: *Herz über Kopf*, 1982) ist keine Ausnahme mehr. »Warum werden urplötzlich Mittel und Formen wieder verfügbar, die noch vor kurzem endgültig erledigt schienen, der Endreim, die Novelle, das Sonett z. B.?« fragt (im *Literatur-Magazin* 15, 1985) Jörg Drews unter Hinweis auf Autoren wie Peter Handke, Botho Strauß und sogar Helmut Heißenbüttel, der die freie Verfügung über alle Traditionen propagiere. Gibt es bereits einen »Schwundprozeß der Moderne«?

Überraschend ist auch, daß man sich in den achtziger Jahren wieder an die Regeln der Grammatik, der Groß- und Kleinschreibung und sogar der Interpunktion zu halten beginnt.[230]

Inhaltlich überschreiten die jüngsten Gedichte einige Tabus des jüngeren Literaturbetriebs: »Moral« und »Lieber-Gott-sagen« ist wieder möglich.[231] In Hans Benders Lyrik-Anthologie *In diesem Lande leben wir*, in der der Parlandoton überwiegt, finden wir – neben Reise- und Porträtgedichten, neben Gedichten aus dem Alltag und vom Unterwegssein – auch Gedichtgruppen unter dem Leitthema »In diesem Lande leben wir«: »Ja, ich denke mir ein Leben das schön ist« (Theobaldy), »Jeden Tag geschehen einfache Dinge« (Ralf Thenior), »Geliebt haben wir uns – Verfolgt haben wir

uns« (Günther Herburger) und Gedichte über Zeit und
Ewigkeit, Leben und Sterben (»Lang oder kurz ist die Zeit«,
Ernst Meister). Es finden sich sogar Naturgedichte (»Noch
fliegt die Graugans, spaziert der Storch«, Sarah Kirsch)
sowie Selbstporträts mit elegischen Tönen und einer beacht-
lichen Sensibilität für seelische Vorgänge; bemerkenswert
auch die Neigung zur Selbstbeobachtung, Selbsterforschung
und Selbstdarstellung.[232]

Dennoch steckt auch diese zum Teil so schwungvoll, opti-
mistisch und fast unbekümmert die Gegenwart angehende
Lyrik in einem Zwiespalt: Das Ich, »das sich in der Tat vom
Realitätsdruck befreien kann und dem der Absprung in die
Utopie gelingt«, muß fürchten, »sich an den Traum zu
verlieren und einem selbstgenügsamen Illusionismus zu
erliegen«. Umgekehrt ist der »Realist in Gefahr, von der
niederdrückenden Wirklichkeit des Nur-Faktischen über-
wältigt zu werden«[233].

Das Dilemma dieser Lyrik besteht auch darin, daß die
Gedichte keine Geheimnisse enthalten und keine Verklausu-
lierungen kennen sollen, daß ihre Zugänglichkeit und Ver-
trautheit das Publikum also beeindrucken soll, daß sie sich
dann andererseits aber dem Vorwurf der Selbstgenügsamkeit, des Mangels an Kunstwillen und einer Neigung zum
gemütlichen Einrichten im Bekannten und Vordergründigen
aussetzen, ja sogar eines »lyrischen Journalismus«, einer
»simplizianischen Freundlichkeit gegen Alltagsdinge« und
»plumper Vertraulichkeit«[234].

Erstaunlich ist, daß sich auch in der DDR eine Diskussion
über die Rolle der Subjektivität in der Lyrik entwickelt hat
und sogar der sonst eher linientreue Präsident des Schrift-
stellerverbandes Hermann Kant den »Rückzug ins Private«[235] öffentlich verteidigte. Man darf hoffen, »daß sich
die Unterschiede der lyrischen Tendenzen diesseits und
jenseits der Grenze einzuebnen beginnen«[236]. Es werden
Gemeinsamkeiten in der Thematik, der Gestalt und der
Sprache der Gedichte sichtbar. Und es ist überaus erfreulich,
daß die moderne deutsche Literatur, ungeachtet der Ul-

bricht-Parole von 1970, es gebe bereits zwei verschiedene deutsche Sprachen, durchaus noch gesamtdeutsche Qualitäten hat.

Zu den bekanntesten Autoren postmoderner Lyrik gehören u. a. Günter Herburger, Jürgen Becker, Sarah Kirsch, Christoph Meckel, Nicolas Born, Volker Braun (DDR), Rolf Dieter Brinkmann, Karin Kiwus, Peter Handke, Wolf Wondratschek, Jürgen Theobaldy, Ulla Hahn.

Wie verschieden auch immer die Stellung des einzelnen Lesers zur Gesamtsituation der Lyrik der Gegenwart sein mag, allein schon die Existenz einer »gegen die Trostlosigkeit und Verzweiflung unserer Zeit anschreibenden Lyrik« ist ein Zeichen der *Hoffnung*, der Hoffnung auf das dichterische Wort, das »wieder von Erwartung geprägt ist und das die drohende Erstarrung und Handlungslähmung abzuwenden und den vereisten Erlebnishintergrund des Menschen aufzubrechen« vermag.[237]

7.5.10.1. Beispiele

Volker Braun:
Letzter Aufenthalt auf Erden
(für Pablo Neruda)

An seinen laubigen Zaun, in der Dunkelheit
Klammern sich Kraken, fallend aus Tanks
Auf seinen Treppen hocken, schwitzend vor Dummheit
Die geheimen Schaben der öffentlichen Ordnung
An den Telefonkabeln wie wuchernder Rotz
Die Ohrmuscheln der Miliz, unter seinen Bäumen
Die Gewehre im Anschlag, warten Kadaver
Unsterblich in ihrer Schande, in spanischer Angst:
Aber in seinem umzingelten Zimmer der Dichter
Sagt, das ist sicher wie nie sein verbrennendes
Leben mehr, die tödliche Wahrheit.

Ulla Hahn: Kreuzweise

Wo immer Bretter kreuzweis aus dem Boden schießen
in Reih und Glied bis in den Horizont
hackt sie heraus ihr Krähen scharrt sie frei
wir haben sie zu lang zu fest vergessen:

Die mit den Helmen auf dem Totenkopf
und mit dem Koppel um die Hüftgelenke
und mit weitaufgerissenen Augen starben
im Blick den Fluch im Mund den Todesschrei

Ihr Toten macht euch frei von eurem Tod
Zieht aus. Lehrt uns das Fürchten
Euren Fluch. Reißt uns die Augen auf
den Mund und schreit mit uns: Schreit nein.

Christoph Meckel: Der Tag wird kommen

Und der Tag nach der nächsten Friedensfeier – wird
    er kommen
    mit einer Taube oder mit einem Schlagring
Und der Tag danach – wird er eintreffen mit einem Spielzeug
    oder wird sich die Hoffnung wieder vertreten lassen
    durch ein Leninzitat
Und der Tag danach – wird er herbeigeschafft werden
    an den Haaren
    in einem Ministersessel, mit einer ganz neuen
    Befehlsgewalt
Und der Tag darauf – wird er uns nur den Schlaf kosten,
    oder den Kopf
Und der Tag darauf – wird er sich entschuldigen lassen
    durch ein mittleres Blutbad
Und der Tag darauf – wird er überhaupt erscheinen wollen
    in unserem Neubauviertel, auf unserem Bildschirm
Und der Tag danach, und der Tag nach diesem –

Und der Tag nach wievielen Tagen – wird er wieder nur
    GEDENKTAG heißen
    ein Totensonntag sein, ein Papierkrieg, eine Verordnung
Und der letzte Tag – wird er immer noch eine Attrappe
    der Zukunft sein
    oder endlich Auskunft geben über die Liebe
Und der Tag nach dem letzten Tag – wird er der Tag sein
    an dem wir gelebt und geatmet hätten?

Nicolas Born: Drei Wünsche

Sind Tatsachen nicht quälend und langweilig?
Ist es nicht besser drei Wünsche zu haben
unter der Bedingung daß sie allen erfüllt werden?
Ich wünsche ein Leben ohne große Pausen
in denen die Wände nach Projektilen abgesucht werden
ein Leben das nicht heruntergeblättert wird
        von Kassierern.
Ich wünsche Briefe zu schreiben in denen ich
    ganz enthalten bin –
wie weit würde ich herumkommen ohne Gewichtsverlust.
Ich wünsche ein Buch in das ihr alle vorn hineingehen
    und hinten herauskommen könnt.
Und ich möchte nicht vergessen daß es schöner ist
dich zu lieben als dich nicht zu lieben

Dörte von Westernhagen:
Wo das Glück bleibt

Die Karre ist aus dem Dreck
und wir raus aus dem Gröbsten.
Die Häuser sind gebaut
die Bezirke befriedet
die Pläne durchgeführt
die Versicherungen geschlossen
Vorräte reichlich.

Für die Zukunft ist gesorgt
das Vergangene vergangen.
Das Jenseits interessiert nicht
Gott ist abgefunden.
Jetzt könnten wir leben.
Wo bleibt das Glück.

Hans Magnus Enzensberger:
Poetik-Vorlesung

Wenn dann am Mittwoch dieser Krawall kommt,
das klirrende Blech knallt im Gestank,
die Kübel gegen den Dreckkessel donnern,
zack! das frißt und mahlt alles was abfällt

zu Staub! Dieses Gefühl, wenn sie wieder da
waren! Dieser Neid! Diese Dankbarkeit!
Diese Leere! Freude und Wohlgefallen!

Dann betrachte ich meinen Tisch, meine Hand:
keine Asche mehr, keine Kartoffelschalen.

Eine bessere Welt, für zehn Minuten.
So vermessen wäre ich auch gern, so nützlich,
so rücksichtslos hilfreich wie die Müllabfuhr.

Rolf Dieter Brinkmann:
Die Orangensaftmaschine

dreht sich & Es ist gut, daß der Barmann
zuerst auf die nackten Stellen eines
Mädchens schaut, das ein Glas kalten

Tees trinkt. »Ist hier sehr heiß,
nicht?« sagt er, eine Frage, die
den Raum etwas dekoriert,

was sonst? Sie hat einen kräftigen
Körper und, als sie den Arm
ausstreckt, das Glas auf

die Glasplatte zurückstellt,
einen schwitzenden, haarigen
Fleck unterm Arm, was den Raum

einen Moment lang verändert, die
Gedanken nicht. Und jeder sieht, daß
ihr's Spaß macht, sich zu bewegen

auf diese Art, was den Barmann
auf Trab bringt nach einer langen
Pause, in der nur der Ventilator

zu hören gewesen ist wie
immer, oder meistens, um
diese Tageszeit.

Rolf Dieter Brinkmann:
Einen jener klassischen

schwarzen Tangos in Köln, Ende des
Monats August, da der Sommer schon

ganz verstaubt ist, kurz nach Laden
Schluß aus der offenen Tür einer

dunklen Wirtschaft, die einem
Griechen gehört, hören, ist beinahe

ein Wunder: für einen Moment eine
Überraschung, für einen Moment

Aufatmen, für einen Moment
eine Pause in dieser Straße,

die niemand liebt und atemlos
macht, beim Hindurchgehen. Ich

schrieb das schnell auf, bevor
der Moment in der verfluchten

dunstigen Abgestorbenheit Kölns
wieder erlosch.

Rainer Malkowski:
Die Alten

Am meisten liebe ich die Alten
die ihren Kaffee selber
und nach eigenem Rezept
brauen
die immer härter werden
mit wachsendem Muskelschwund
die sagen:
wenn ihr unter Altersweisheit versteht
daß man sich abfindet
sucht euch einen Jüngeren.

Rainer Malkowski:
Mitten in einen Vers

Mitten in einen Vers
über die Vergeblichkeit menschlicher
                              Beziehungen
klingelt das Telefon.
Sollen wir kommen? fragen die Freunde.
Ja, rufe ich erleichtert, ja!
Und der Vers bleibt auf dem Schreibtisch liegen,
wo er eine Weile verstaubt.

Karl Krolow: Neues Wesen

Blau kommt auf
wie Mörikes leiser Harfenton.
Immer wieder
wird das so sein.
Die Leute streichen
ihre Häuser an.
Auf die verschiedenen Wände
scheint die Sonne.
Jeder erwartet das.
Frühling, ja, du bist's!
Man kann das nachlesen.
Die grüne Hecke ist ein Zitat
aus einem unbekannten Dichter.
Die Leute streichen auch
ihre Familien an, die Autos,
die Boote.
Ihr neues Wesen
gefällt allgemein.

Ralf Thenior: Die Fastfrau
(Ein Liebesgedicht)

Wenn sie
um die Ecke kommt
mit ihren 14 Jahren
und dem rosa Pullover
etwas schmuddelig
an den Brüsten
hat schon 'ne Handvoll
sagen die Jungs
wenn sie
um die Ecke kommt
mit der Kaugummiblase
vor dem Mund
PLOPP

Wolf Wondratschek:
Gedicht »XXX«

Jetzt schreiben sie alle
einen ziemlich flotten Stil,
knallhart, anbetungswürdig banal,
mit ein paar eingestreuten surrealistischen
Tatsachen, ein paar Kleinigkeiten
in Lebensgröße und, ohne viel Worte,
jede Menge Übertreibungen.
Hauptsache,
es klingt nicht besser als die Zeitung
und du verstehst, was ich meine.
Das ist augenblicklich modern:
die Oberfläche,
das Unterhemd,
das Innenleben der Muskeln, ...

und die Schwäche für Kraftausdrücke
ist das Stärkste, was sie
zu bieten haben.

Georges Hausemer:
wir in diesem land

schreiben frühlingsgedichte
liebeslieder im herbst
kurze prosa
sehr kurze sogar
und einige glauben
rilkes neffen
trakls erben zu sein
glauben sich zu
nerudas leidensgenossen
zählen zu dürfen
zählen zu müssen

wie es aber wirklich ist
in diesem lande
mit uns
das würde mich interessieren
verdammt wichtig wäre das

Karin Kiwus:
An die Dichter

Die Welt ist eingeschlafen
in der Stunde eurer Geburt

allein mit den Tagträumen
erweckt ihr sie wieder

roh und süß und wild
auf ein Abenteuer

eine Partie Wirklichkeit lang
unbesiegbar im Spiel

8. Anmerkungen

1 Hanns-Josef Ortheil: Geduldige Kraft. Zitiert nach: Volker Hage / Adolf Fink (Hrsg.), Deutsche Literatur 1983. Ein Jahresüberblick. Stuttgart 1984. S. 241.

2 Aktuell – Das Lexikon der Gegenwart. Dortmund 1984. S. 396.

3 Peter Wapnewski: Zumutungen. München 1982. S. 26.

4 Walter Hinderer. Zitiert nach: Walter Hinck (Hrsg.), Gedichte und Interpretationen. Bd. 6: Gegenwart. Stuttgart 1982. S. 16.

5 Walter Jens: Deutsche Literatur der Gegenwart. München 1964. S. 97.

6 Vgl. Kurt Leonhard: Moderne Lyrik. Bremen 1963. S. 207 f.

7 Wolfgang Weyrauch (Hrsg.): expeditionen. München 1959. S. 160.

8 Hans Erich Nossack [: Büchner-Preis-Rede] 1961. In: Büchner-Preis-Reden 1951–1971. Stuttgart 1972. S. 112.

9 Franz Norbert Mennemeier: Das moderne Drama. Düsseldorf 1961. S. 15.

10 Ingeborg Bachmann: Gedichte, Erzählungen, Hörspiel, Essays. München 1964. S. 331.

11 Günter Eich: Schlußzeile des vierten Gedichts im Hörspiel »Träume«.

12 Franz Kafka: Briefe 1902–1924. New York u. Frankfurt a. M. 1958. S. 27 f.

13 Hans Magnus Enzensberger: Museum der modernen Poesie. München 1980. S. 777.

14 Walter Jens, Anmerkung 5, S. 73.

15 Walter Jens, Anmerkung 5, S. 72.

16 Werner Eggers: Sprachtheorie und Sprachwandel. In: Thomas Koebner (Hrsg.), Tendenzen der deutschen Literatur seit 1945. Stuttgart 1971. S. 134.

17 Hans Mayer: Zur deutschen Literatur der Zeit. Reinbek bei Hamburg 1967. S. 82.

18 Gottfried Benn. Zitiert nach: Hans Mayer, Anmerkung 17, S. 82.

19 Eugène Ionesco. Zitiert nach: Hans Mayer, Anmerkung 17, S. 82.

20 Gottfried Benn: Probleme der Lyrik. Wiesbaden 1951. S. 12.

21 Benno von Wiese: Die deutsche Lyrik der Gegenwart. In: Wolfgang Kayser, Deutsche Literatur in unserer Zeit. Göttingen 1953. S. 36, 38.

22 Reinhold Grimm: Nichts – aber darüber Glasur. In: Heinz Otto Burger / Reinhold Grimm: Evokation und Montage. Göttingen 1961. S. 36, 38.

23 Gottfried Benn, Anmerkung 20, S. 15 ff.

24 Gottfried Benn, Anmerkung 20, S. 28.

25 Jan Brockmann: Beim Blättern im Poesiealbum der Moderne. In: Horst Lehner (Hrsg.), Zeitalter des Fragments. Herrenalb 1964. S. 162.

26 Jan Brockmann, Anmerkung 25, S. 164 ff.

27 Dieter Hasselblatt: Lyrik heute. Gütersloh 1963. S. 36.

28 Karl Schwedhelm: Das Gedicht in einer veränderten Wirklichkeit. In: Horst Lehner, Anmerkung 25, S. 151.

29 Wolfgang Weyrauch, Anmerkung 7, S. 161. (Nachwort.)

30 Hans Mayer, Anmerkung 17, S. 87 f.

31 Clemens Heselhaus: Deutsche Lyrik der Moderne. Düsseldorf 1961. S. 33.

32 Vgl. Reinhold Grimm, Anmerkung 22, S. 28 ff.

33 Reinhold Grimm, Anmerkung 22, S. 30 f.

34 Karl Schwedhelm. Zitiert nach: Hans Bender (Hrsg.), Mein Gedicht ist mein Messer. München 1961. S. 11.

35 Hanns-Joseph Ortheil. In: Die Zeit, April 1987.

36 Fritz Martini: Vortrag über moderne Literatur, VHS Schwäbisch Gmünd, 2. 10. 1963.

37 Albert Arnold Scholl: Zwei Gedichte. In: Hans Bender (Hrsg.), Anmerkung 34, S. 125.

38 Filippo Tommaso Marinetti. Zitiert nach: Walter Höllerer, Theorie der modernen Lyrik. Reinbek bei Hamburg 1965. S. 138, 140.

39 Hugo Friedrich: Die Struktur der modernen Lyrik. Reinbek bei Hamburg ³1970. S. 164. Friedrich bezieht sich auf T. S. Eliot.

40 Stéphane Mallarmé. Zitiert nach: Hugo Friedrich, Anmerkung 39, S. 120.

41 Hugo Friedrich, Anmerkung 39, S. 161.

42 Hugo Friedrich, Anmerkung 39, S. 179.

43 Georg Christoph Lichtenberg: Aphorismen, Briefe, Schriften. Stuttgart 1953. S. 124.

44 Yvan Goll: Hiob. In: Walter R. Fuchs (Hrsg.), Lyrik unserer Jahrhundertmitte. München 1965. S. 86.

45 García Lorca: Halbmond. In: Walter Urbanek (Hrsg.), orpheus 20. Gedichte dieses Jahrhunderts. Bamberg 1961. S. 188.

46 Karl Krolow: Die Zeichen der Welt. Stuttgart 1952. S. 88.

47 Vgl. Hartmut Müller: Formen moderner deutscher Lyrik. Paderborn 1970. S. 17–22.

48 Heinz Otto Burger / Reinhold Grimm, Anmerkung 22, S. 15.

49 Heinz Ischreyt: Welt der Literatur. Gütersloh 1961. S. 139 f.

50 Paul Valéry. Zitiert nach: Hugo Friedrich, Anmerkung 39, S. 121.

51 Vgl. Rudolf Nikolaus Maier: Paradies der Weltlosigkeit. Stuttgart 1964. S. 40.

52 Clemens Heselhaus, Anmerkung 31, S. 418.

53 Gottfried Benn: Probleme der Lyrik, Anmerkung 20, S. 25.

54 Lothar Klünner. Zitiert nach: Dieter Hasselblatt, Anmerkung 27, S. 168.

55 Paul Celan: Dunkles Aug im September. In: P. C., Gedichte in zwei Bänden. Bd. 1. Frankfurt a. M. 1975. S. 26.

56 Karl Krolow: Wind und Zeit. Gesammelte Gedichte 1. Frankfurt a. M. ²1985 S. 107.

57 Paul Celan. Zitiert nach: Walter Höllerer (Hrsg.), Transit. Frankfurt a. M. 1956. S. 12.

58 Ernst Meister: Fermate. In: Ludwig Büttner, Von Benn zu Enzensberger. Eine Einführung in die zeitgenössische deutsche Lyrik 1945–1970. Nürnberg 1971. S. 84.

59 Paul Celan. Zitiert nach: Rudolf Nikolaus Maier, Das moderne Gedicht. Düsseldorf 1963. S. 90.

60 Helmut Heißenbüttel. Zitiert nach: Walter Höllerer (Hrsg.), Anmerkung 57, S. 43.

61 Rudolf Nikolaus Maier, Anmerkung 51, S. 95; Franz Kafka, zitiert nach: Benno von Wiese, Anmerkung 21, S. 39. – Karl Krolow äußert sich über diese Bewegung: »Der Surrealismus ist ein Geschöpf der Romania. Nur so ist sein Salto ins Absurde hinein, in die Grenzenlosigkeit eines Antirationalismus zu verstehen. Er begibt sich gleichsam kopfüber in eine Wunschwelt« (zitiert nach: Dieter Hasselblatt, Anmerkung 27, S. 298).

62 Hartmut Müller, Anmerkung 47, S. 45.

63 Ingeborg Bachmann: Die gestundete Zeit. München 1959. S. 11.

64 Gottfried Benn. Zitiert nach: Rudolf Nikolaus Maier, Anmerkung 51, S. 39.

65 Dieter Hasselblatt, Anmerkung 27, S. 87.

66 Walter Höllerer, Anmerkung 57, S. 246.

67 Paul Valéry. Zitiert nach: Walter Urbanek, Gespräch über Lyrik. Bamberg 1961. S. 221.

68 André Breton. Zitiert nach: Walter Urbanek, Anmerkung 67, S. 229.

69 García Lorca. Zitiert nach: Walter Höllerer (Hrsg.), Anmerkung 57, S. 2.

70 Stéphane Mallarmé. Zitiert nach: Walter Schmiele, Freiheit und Engagement. Zur Verbindlichkeit des Dichterischen. In: Horst Lehner (Hrsg.), Anmerkung 25, S. 217.

71 Hans Arp. Zitiert nach: Clemens Heselhaus, Anmerkung 31, S. 317.

72 Hans Magnus Enzensberger, Anmerkung 13, S. 770.

73 Reinhold Grimm, Anmerkung 22, S. 34.

74 Gottfried Benn, Anmerkung 20, S. 38.

75 Gottfried Benn, Anmerkung 20, S. 32.

76 Alain Bosquet: Surrealismus 1924–1949. Berlin 1950. S. 42.

77 Gottfried Benn. Zitiert nach: Hugo Friedrich, Anmerkung 39, S. 154.

78 Hilde Domin: Wozu Lyrik heute. München 1968. S. 176 ff.

79 Nicolas Born. Zitiert nach: Jürgen Theobaldy / Gustav Zürcher, Veränderung der Lyrik. Über westdeutsche Gedichte seit 1965. München 1976. S. 40.

80 Charles Baudelaire. Zitiert nach: Walter Schmiele, Anmerkung 70, S. 217.

81 Michael Zeller: Gedichte haben Zeit. Stuttgart 1982. S. 9.

82 Michael Zeller, Anmerkung 81, S. 9.

83 Michael Zeller, Anmerkung 81, S. 27.

84 Walter Höllerer: Thesen zum langen Gedicht. In: Akzente 12 (1965) S. 129. (Reprint Zweitausendeins.)

85 Helmut Heißenbüttel. Zitiert nach: Otto Knörrich, Die deutsche Lyrik seit 1945. Stuttgart ²1978. S. 61.

86 Benno von Wiese, Anmerkung 21, S. 38 ff.; Lothar Schmidt: Moderne deutsche Lyrik. Stiltypen als Interpretationsgrundlage. In: Der Deutschunterricht 17 (1965) Heft 4, S. 5 ff.; Karl Krolow: Aspekte zeitgenössischer deutscher Lyrik. Gütersloh 1961. S. 11 ff.; Otto Knörrich, Anmerkung 85, S. V f.; Ulrich Klein: Lyrik. In: Dieter Krywalsky (Hrsg.), Handlexikon zur deutschen Literaturwissenschaft. München 1974. S. 297 f.

87 Heinz Piontek (Hrsg.): Neue deutsche Erzählgedichte. Frankfurt a. M. u. Berlin 1983. S. 2, 7. (Vorwort.)

88 Karl Krolow. Zitiert nach: Otto Knörrich, Anmerkung 85, S. 127.

89 Hans Schwerte: Die deutsche Lyrik nach 1945. In: Der Deutschunterricht 14 (1962) Heft 3, S. 57.

90 Wilhelm Lehmann. Zitiert nach: Karl Krolow, Anmerkung 86, S. 33.

91 Karl Krolow, Anmerkung 86, S. 52.

92 Günter Eich: In eigener Sache. Zitiert nach: Herbert A. Frenzel / Elisabeth Frenzel, Daten deutscher Dichtung. Bd. 2. München 20 1982. S. 740.

93 Klaus Jeziorkowski: Zu Karl Krolows »Terzinen vom frühen Einverständnis mit aller Welt«. In: Walter Hinck (Hrsg.), Gedichte und Interpretationen. Bd. 6: Gegenwart. Stuttgart 1982. S. 226.

94 Horst Bienek: Am Ende eines lyrischen Jahrzehnts? In: Akzente 13 (1966) S. 491. (Reprint Zweitausendeins.); Hans-Jürgen Schmitt dazu in der »Frankfurter Allgemeinen Zeitung« (1969): »Wenn Lyrik überhaupt noch einen Neuansatz in Westdeutschland erreichen kann, dann nicht mit einer literarisch subjektiven Sprache, sondern mit der Sprache, die auf der Straße liegt.« Zitiert nach: Hans Dieter Schäfer, Zur Spätphase des hermetischen Gedichts. In: Manfred Durzak (Hrsg.), Die deutsche Literatur der Gegenwart. Stuttgart 1971. S. 164.

95 Clemens Heselhaus, Anmerkung 31, S. 456.

96 Hans Dieter Schäfer: Zur Spätphase des hermetischen Gedichts. In: Manfred Durzak (Hrsg.), Anmerkung 94, S. 148.

97 Gottfried Benn: Die Gitter. In: Gesammelte Werke. Hrsg. von Dieter Wellershoff. Bd. 1. München 1975. S. 263.

98 Hans Dieter Schäfer, Anmerkung 94, S. 164.

99 Otto Knörrich, Anmerkung 85, S. 39.

100 Bernhard Böschenstein: Leuchttürme. Von Hölderlin zu Celan. Frankfurt a. M. 1977. S. 297.

101 Paul Celan. Vgl. seinen Brief an Hans Bender in dessen Lyrikanthologie »Mein Gedicht ist mein Messer«, Anmerkung 34, S. 86 f.

102 André Breton. Zitiert nach: Alain Bosquet, Anmerkung 76, S. 27.

103 Max Hölzer: Mit geschlossenen Lidern. In: Hans Bender (Hrsg.), Anmerkung 34, S. 65.

104 Vgl. Gerhard R. Kaiser (Hrsg.): Die deutsche Literatur in Text und Darstellung. Bd. 16: Gegenwart. Stuttgart 1975. S. 41.

105 Karl Krolow, Anmerkung 86, S. 120.

106 Karl Krolow: Intellektuelle Heiterkeit. In: Akzente 2 (1955) S. 345. (Reprint Zweitausendeins.)

107 Otto Knörrich, Anmerkung 85, S. 269.

108 Karl Krolow, Anmerkung 86, S. 127.

109 Dieter Hasselblatt, Anmerkung 27, S. 41.

110 Georg Bollenbeck: Günter Bruno Fuchs. In: Heinz Ludwig Arnold, Kritisches Lexikon zur deutschsprachigen Gegenwartsliteratur. München 1978 ff.

111 Dieter Hasselblatt, Anmerkung 27, S. 245.

112 Walter Höllerer: Gedichte in den sechziger Jahren. In: Akzente 13 (1966) S. 379. (Reprint Zweitausendeins.)

113 Otto Knörrich, Anmerkung 85, S. 332.

114 Karl Krolow: Schattengefecht. Frankfurt a. M. 1964. S. 93.

115 Otto Knörrich, Anmerkung 85, S. 48.

116 Otto Knörrich, Anmerkung 85, S. 70.

117 Günter Eich. Zitiert nach: Otto Knörrich, Aspekte der Gegenwart. Bundesrepublik Deutschland. In: Walter Hinderer (Hrsg.), Geschichte der deutschen Lyrik vom Mittelalter bis zur Gegenwart. Stuttgart 1983. S. 559.

118 Walter Höllerer: Thesen zum langen Gedicht. In: Akzente 12 (1965) S. 128–130. (Reprint Zweitausendeins.)

119 Nicolas Born. Zitiert nach: Jürgen Theobaldy / Gustav Zürcher (Hrsg.), Anmerkung 79, S. 40.

120 Günter Herburger: Dogmatisches über Gedichte. In: Kursbuch Nr. 10 (1967) S. 160.

121 Walter Höllerer, Anmerkung 118, S. 129 f.

122 Horst Bienek: Akzente 13 (1966) S. 495. (Reprint Zweitausendeins.)

123 Hans Dietrich Schäfer: Zur Periodisierung der deutschen Literatur seit 1930. In: Literaturmagazin 7. Reinbek bei Hamburg 1977. S. 112.

124 Karl Krolow: Das Problem des langen und kurzen Gedichts. In: Akzente, Anmerkung 112, S. 283.

125 Jürgen Theobaldy / Gustav Zürcher, Anmerkung 79, S. 27.

126 Vgl. Hartmut Müller, Anmerkung 47, S. 111.

127 Hinton R. Thomas / Keith Bullivant: Westdeutsche Literatur der sechziger Jahre. Köln 1974. S. 220.

128 Manfred Brauneck (Hrsg.): Autorenlexikon deutschsprachiger Literatur des 20. Jahrhunderts. Reinbek bei Hamburg 1984. S. 506.

129 Joachim Kaiser. Zitiert nach: Franz Lennartz, Deutsche Schriftsteller des 20. Jahrhunderts im Spiegel der Kritik. Bd. 1. Stuttgart 1984. S. 441.

130 Volker Hage (Hrsg.): Lyrik für Leser. Stuttgart 1980. S. 10.

131 Hans Magnus Enzensberger. Zitiert nach: Hilde Domin (Hrsg.), Doppelinterpretationen. Frankfurt a. M. 1969. S. 130.

132 Floh de Cologne. Zitiert nach: Jost Hermand, Lieder aus dem Schlaraffenland. In: Reinhold Grimm / Jost Hermand (Hrsg.), Basis. Jahrbuch für deutsche Gegenwartsliteratur. Bd. 7. Frankfurt a. M. 1977. S. 207.

133 Hans Magnus Enzensberger: Gemeinplätze, die Neueste Literatur betreffend. Kursbuch Nr. 15 (1968). – 1962 hatte Enzensberger noch gefragt, »ob ein Gedicht möglich ist, das politisch wäre und sonst nichts«. Seine Antwort damals: »Vermutlich ginge es an seiner propagandistischen Absicht zugrunde.« Zitiert nach: Dieter Hasselblatt, Anmerkung 27, S. 290.

134 Bertolt Brecht. Zitiert nach: Walter Hinck (Hrsg.), Anmerkung 93, S. 14.

135 Joachim Fuhrmann u. a. (Hrsg.): agitprop. Lyrik, Thesen, Berichte. Hamburg 1969. S. 210.

136 Diederich Hinrichsen. In: Joachim Fuhrmann u. a. (Hrsg.), Anmerkung 135, S. 211.

137 Uwe Timm. In: Joachim Fuhrmann u. a. (Hrsg.), Anmerkung 135, S. 211.

138 Jost Hermand: Pop oder die These vom Ende der Kunst. In: Manfred Durzak (Hrsg.), Anmerkung 94, S. 296 f.

139 Roman Ritter: Was Agitprop-Lyrik jetzt schon ist und kann. In: Joachim Fuhrmann u. a. (Hrsg.), Anmerkung 135, S. 201 f.

140 Vgl. Walter Moßmann. In: Heide Buhmann / Hanspeter Haeseler (Hrsg.), Das kleine dicke Liederbuch. Schlüchtern ³1983. S. 670 f.

141 Vgl. Paul K. Kurz: Über moderne Literatur. Bd. 6. Frankfurt a. M. 1979. S. 187.

142 Heinrich Böll. Zitiert nach: Herbert A. Frenzel / Elisabeth Frenzel, Anmerkung 92, S. 731.

143 Nicolas Born. Zitiert nach: Otto Knörrich, Anmerkung 85, S. 393.

144 Peter Rühmkorf: Paradoxe Existenz. In: Hans Bender (Hrsg.), Anmerkung 34, S. 149 ff.

145 Filippo Tommaso Marinetti fordert in seinem Manifest die Zerstörung der Syntax, weiterhin die Abschaffung des Adjektivs und des Adverbs wie auch der Zeichensetzung, ferner den Gebrauch des Verbs nur im Infinitiv. Vgl. Reinhard Döhl: Konkrete Literatur. In: Manfred Durzak (Hrsg.), Anmerkung 94, S. 268.

146 Eugen Gomringer. Zitiert nach: Rüdiger Wagner, Deutsche Literatur in Beispielen. München 1981. S. 146.

147 Hugo von Hofmannsthal. Ein Brief. In: Rudolf Hirsch (Hrsg.), H. von H., Ausgewählte Werke in zwei Bänden. Bd. 2. Frankfurt a. M. 1958. S. 337.

148 Helmut Heißenbüttel: Über Literatur. München 1972. S. 212.

149 Helmut Heißenbüttel. Zitiert nach: Rüdiger Wagner, Anmerkung 146, S. 152.

150 Helmut Heißenbüttel. Zitiert nach: Hinton R. Thomas / Keith Bullivant, Anmerkung 127, S. 82, 84.

151 Reinhard Döhl, Anmerkung 145, S. 270.

152 Rüdiger Wagner, Anmerkung 146, S. 152.

153 Filippo Tommaso Marinetti. Zitiert nach: Reinhard Döhl, Anmerkung 145, S. 268.

154 Karel Teige: Manifest des Poetismus. Analysen, Manifeste. In: Liquidierung der »Kunst«. Frankfurt a. M.: Suhrkamp 1968. S. 83, 82.

155 Helmut Heißenbüttel, Anmerkung 148, S. 211, 210.

156 Vgl. Otto F. Best: Handbuch literarischer Fachbegriffe. Frankfurt a. M. 1972. S. 143.

157 Helmut Heißenbüttel. Zitiert nach: Reinhard Döhl, Anmerkung 145, S. 273.

158 Eugen Gomringer: vom vers zur konstellation. In: E. G. (Hrsg.), konkrete poesie. Stuttgart 1972. S. 157.

159 Eugen Gomringer. Zitiert nach: Karl Krolow, Anmerkung 86, S. 159.

160 Gerhard Rückert: Experimentelle Lyrik – Konkrete Poesie. In: Gerhard Köpf (Hrsg.), Neun Kapitel Lyrik. Paderborn 1984. S. 184.

161 Vgl. Karl Krolow, Anmerkung 86, S. 158.

162 Karel Teige, Anmerkung 154, S. 83.

163 Eugen Gomringer, Anmerkung 158, S. 164.

164 Ernst Jandl. Zitiert nach: Gerhard Rückert, Anmerkung 160, S. 187.

165 Eugen Gomringer, Anmerkung 158, S. 163.

166 Reinhard Döhl, Anmerkung 145, S. 163.

167 Noam Chomsky. Zitiert nach: Hartmut Müller, Anmerkung 47, S. 72.

131

168 Eugen Gomringer, Anmerkung 158, S. 6. (Vorwort.)

169 Reinhard Döhl, Anmerkung 145, S. 269 f.

170 Otto Knörrich, Anmerkung 85, S. 293.

171 Eugen Gomringer. Zitiert nach: Rüdiger Wagner, Anmerkung 146, S. 146.

172 Vgl. Reinhard Döhl, Anmerkung 145, S. 257, und Karl Krolow, Anmerkung 86, S. 160.

173 Marianne Kesting: Auf der Suche nach der Realität. München 1972. S. 170.

174 Christian Wagenknecht. Zitiert nach: Reinhard Döhl, Anmerkung 145, S. 257.

175 Karin Thomas: Zum Problem einer Kommunikation von Kunst und Gesellschaft. In: aus politik und zeitgeschichte 18 (1972) S. 4.

176 Heinrich Vormweg: Von heute aus gesehen. In: Akzente 20 (1973) S. 65. (Reprint Zweitausendeins.)

177 Franz Mon. Zitiert nach: Herbert A. Frenzel / Elisabeth Frenzel, Anmerkung 92, S. 654.

178 Hartmut Geerken (Hrsg.): schreibweisen. konkrete poesie und konstruktive prosa. Frankfurt a. M. 1973. S. 6.

179 Reinhard Döhl, Anmerkung 145, S. 276.

180 Timm Ulrichs. Zitiert nach: Michael Zeller, Anmerkung 81, S. 51.

181 Klaus Jeziorkowski: Zu Ernst Jandls Gedicht »bibliothek«. In: Walter Hinck (Hrsg.), Anmerkung 93, S. 193.

182 Klaus Jeziorkowski, Anmerkung 93, S. 189.

183 Vgl. Gerhard Rückert, Anmerkung 160, S. 194.

184 Vgl. Wolfgang Kopplin: Beispiele. Deutsche Lyrik '60–'70. Paderborn 1969. S. 82.

185 Vgl. Gerhard Rückert, Anmerkung 160, S. 194.

186 Vgl. Gerhard Rückert, Anmerkung 160, S. 197.

187 Vgl. Reinhard Döhl, Anmerkung 145, S. 263.

188 Vgl. Reinhard Döhl, Anmerkung 145, S. 261 f.

189 Heinz Piontek (Hrsg.): Neue deutsche Erzählgedichte. Stuttgart 1964. S. 4.

190 Heinz Piontek (Hrsg.), Anmerkung 189, S. 10.

191 Heinz Graefe: Das deutsche Erzählgedicht im 20. Jahrhundert. Frankfurt a. M. 1972. S. 10.

192 Heinz Piontek (Hrsg.), Anmerkung 189, S. 9 ff.

193 Heinz Graefe, Anmerkung 191, S. 19.

194 Heinz Graefe, Anmerkung 191, S. 19.

195 Heinz Graefe, Anmerkung 191, S. 139.

196 Heinz Graefe, Anmerkung 191, S. 13.

197 Heinz Graefe, Anmerkung 191, S. 81; die folgenden Zitate von Heinz Graefe (S. 108 f.) finden sich bei ihm auf den Seiten 66, 51, 83, 59, 56, 57, 72 f. und 127 f.

198 Bayerische Akademie der Schönen Künste. Zitiert nach: Paul K. Kurz, Über moderne Literatur. Bd. 7. Frankfurt a. M. 1980. S. 19.

199 Volker Hage, Anmerkung 130, S. 7.

200 Marcel Reich-Ranicki: Entgegnung. Stuttgart 1981. S. 18.
201 Hubert Fichte. Zitiert nach: Marcel Reich-Ranicki, Anmerkung 200, S. 26.
202 Gabriele Wohmann. Zitiert nach: Paul K. Kurz, Anmerkung 141, S. 190.
203 Heinrich Böll. Zitiert nach: Marcel Reich-Ranicki, Anmerkung 200, S. 28 f.
204 Peter Rühmkorf: Walther von der Vogelweide, Klopstock und ich. Reinbek bei Hamburg 1975. S. 184.
205 Peter Rühmkorf. Zitiert nach: Volker Hage, Anmerkung 130, S. 7.
206 Jürgen Theobaldy: Zweiter Klasse. Gedichte. Berlin 1976. (Nachwort.)
207 Günter Kunert. Zitiert nach: Helmut Lamprecht (Hrsg.), Wenn das Eis geht. München 1985. S. 301.
208 Hans Mayer. Zitiert nach: Aktuell – Das Lexikon der Gegenwart, Anmerkung 2, S. 396.
209 Wolfgang Hildesheimer. Zitiert nach: Aktuell – Das Lexikon der Gegenwart, Anmerkung 2, S. 396.
210 Lutz Rathenow. Zitiert nach: Hans Bender, In diesem Lande leben wir. Deutsche Gedichte der Gegenwart. Frankfurt a. M. 1980. S. 260. (Nachwort.)
211 Erich Fried. Zitiert nach: Paul K. Kurz, Anmerkung 141, S. 185.
212 Volker Braun. Zitiert nach: Paul K. Kurz, Anmerkung 141, S. 185 f.
213 Peter Handke. Zitiert nach: Volker Hage (Hrsg.), Deutsche Literatur 1983. Ein Jahresüberblick. Stuttgart 1984. S. 12.
214 Jürgen Heise. Zitiert nach: Paul K. Kurz, Anmerkung 141, S. 247.
215 Herbert Marcuse: Versuch über Befreiung. Frankfurt a. M. 1969. II. Kap.: Die neue Sensibilität. Vgl. auch Otto Knörrich, Anmerkung 85, S. 374.
216 Vgl. Heinz Piontek (Hrsg.): Deutsche Gedichte seit 1960. Stuttgart 1972. S. 15.
217 Jost Hermand. In: Brockhaus Enzyklopädie. Stichwort »Pop-Literatur«. Vgl. auch Jost Hermand: Pop oder die These vom Ende der Kunst. In: Manfred Durzak (Hrsg.), Anmerkung 94, S. 288.
218 Jürgen Theobaldy. Zitiert nach: Fischer Kolleg. Band Literatur. Frankfurt a. M. ⁹1985. S. 145. – In diesem Zusammenhang bezeichnend für Theobaldy auch die folgenden Gedichtzeilen:

> Ja, ich denke mir ein Leben das schön ist
> schön für alle und darum auch für mich
> ein Leben wo niemand auf Zehenspitzen gehen muß
> um groß wie ein Direktor zu sein
> ein Leben wo die Krawatte ewig im Schrank hängt
> ein Leben ohne »die größte Schau der Welt«
> ohne Kabinettsgeheimnisse
> und verschlossene Lohntüten.

219 Vgl. Otto Knörrich, Anmerkung 85, S. 373.
220 Volker Hage, Anmerkung 130, S. 12.
221 Hermann Peter Piwitt. Zitiert nach: Otto Knörrich, Anmerkung 85, S. 373.

222 Vgl. Volker Hage, Anmerkung 130, S. 13.
223 Jürgen Theobaldy (Hrsg.): Und ich bewege mich doch. München 1977
   S. 223.
224 Paul K. Kurz, Anmerkung 141, S. 223 f.
225 Peter Handke. Zitiert nach: Otto Knörrich, Anmerkung 85, S. 377.
226 Klaus Jeziorkowski. Zitiert nach: Helmut Lamprecht (Hrsg.), Anmerkung 207, S. 300.
227 Heinz Piontek, Anmerkung 216, S. 8.
228 Peter Wapnewski. Zitiert nach: Paul K. Kurz, Anmerkung 141, S. 230.
229 Vgl. Walter Hinderer. Zitiert nach: Walter Hinck (Hrsg.), Anmerkung 93, S. 16.
230 Vgl. Volker Hage, Anmerkung 130, S. 14.
231 Gabriele Wohmann. Zitiert nach: Paul K. Kurz, Anmerkung 141, S. 33. –
   Die zitierte Gedichtzeile steht in folgendem Zusammenhang:
   Der Kopf, mitten in einer Trauer gefallen, ebnet, vom Sturz benommen
   Und doch wie erlöst
   Die geheimen Reizschwellen zur Geborgenheit, zur Versöhnung
   Zu einem endlich übergeordneten Vertrauen
   Lieber Gott-Sagen ist möglich. Das liegt an mir.
232 Vgl. Marcel Reich-Ranicki, Anmerkung 200, S. 30 f.
233 Otto Knörrich, Anmerkung 85, S. 375.
234 Jörg Drews und Peter Schneider. Zitiert nach: Volker Hage, Anmerkung 130, S. 15.
235 Hermann Kant. Zitiert nach: dtv-Atlas zur deutschen Literatur. München 1983. S. 283.
236 Walter Hinck, Anmerkung 93, S. 16.
237 Wolfgang Frühwald: Vortrag im 3. Programm des Bayerischen Fernsehens (Tele-Akademie) am 1. 4. 1988.

9. Quellennachweis der Gedichte

Seite

8 Günter Eich: Inventur. In: G. E., Abgelegene Gehöfte. Gedichte. Frankfurt a. M.: Suhrkamp 1968.

18 Rainer Maria Rilke: Mehr nicht als das Warmsein eines Rings. In: R. M. R., Sämtliche Werke. Hrsg. vom Rilke-Archiv in Verb. mit Ruth Sieber-Rilke. Bes. durch Ernst Zinn. Bd. 2. Frankfurt a. M.: Insel Verlag 1963.

19 Christoph Meckel: Rede vom Gedicht. In: Ch. M., Wen es angeht. Düsseldorf: Eremiten-Presse 1974.

20 Günter Eich: Die Häherfeder. In: G. E., Abgelegene Gehöfte. Gedichte. Frankfurt a. M.: Suhrkamp 1968.

21 Günter Eich: Tage mit Hähern. In: G. E., Botschaften des Regens. Gedichte. Frankfurt a. M.: Suhrkamp 1955.

25 Paul Celan: Dunkles Aug im September. In: P. C., Gedichte in zwei Bänden. Bd. 1. Frankfurt a. M.: Suhrkamp 1975. S. 26.

32 Gottfried Benn: Verlorenes Ich. In: G. B., Gesammelte Werke. Hrsg. von Dieter Wellershoff. Bd. 1. München: Deutscher Taschenbuch Verlag 1975. © Arche Verlag, Zürich.

38 Dagmar Nick: Lied. In: D. N., In den Ellipsen des Mondes. Hamburg: Ellermann 1959.

39 Marie Luise Kaschnitz: Genazzano. In: M. L. K., Neue Gedichte. Hamburg: Claassen 1961.
Nelly Sachs: Schmetterling. In: N. S., Fahrt ins Staublose. Frankfurt a. M.: Suhrkamp 1961.

41 Wilhelm Lehmann: Hier. In: W. L., Werke in drei Bänden. Gütersloh: Mohn 1962.
Günter Eich: Ende eines Sommers. In: G. E., Botschaften des Regens. Gedichte. Frankfurt a. M.: Suhrkamp 1955.

44 Gottfried Benn: Welle der Nacht. In: G. B., Gesammelte Werke. Hrsg. von Dieter Wellershoff. Bd. 1. München: Deutscher Taschenbuch Verlag 1975. © Arche Verlag, Zürich.
Ingeborg Bachmann: Die gestundete Zeit. In: I. B., Gedichte, Erzählungen, Hörspiel, Essays. München: Piper 1964.

45 Paul Celan: Fadensonnen. In: P. C., Atemwende. Frankfurt a. M.: Suhrkamp 1967.
Paul Celan: Weggebeizt. In: P. C., Atemwende. Frankfurt a. M.: Suhrkamp 1967.

48 Günter Eich: Wo ich wohne. In: G. E., Botschaften des Regens. Gedichte. Frankfurt a. M.: Suhrkamp 1955.
Karl Krolow: Verlassene Küste. In: K. K., Die Zeichen der Welt. Gesammelte Gedichte 1944–1964. Frankfurt a. M.: Suhrkamp 1965.

51 Erich Fried: Logos. In: E. F., Gedichte. Hamburg: Claassen 1958.
Elisabeth Borchers: eia wasser regnet schlaf. In: Frankfurter Allgemeine Zeitung vom 20. 7. 1960 u. E. B., Gedichte. Frankfurt a. M.: Suhrkamp 1976.

53 f. Günter Bruno Fuchs: Tageslauf eines dicken Mannes. – Schularbeiten.
In: Das Lesebuch des Günter Bruno Fuchs. München: Hanser 1970.

54 Peter Rühmkorf: Lied der Benn-Epigonen. In: P. R., Irdisches Vergnügen in g. Reinbek bei Hamburg: Rowohlt 1959.

57 Erich Fried: Antwort ... In: E. F., Warngedichte. München: Hanser 1964.

58 Günter Eich: Fußnote zu Rom. In: G. E., Zu den Akten. Gedichte. Frankfurt a. M.: Suhrkamp 1964.
Karl Krolow: Totes Insekt. In: K. K., Gesammelte Gedichte 3. Frankfurt a. M.: Suhrkamp 1985.
Erich Fried: Spruch. In: E. F., Befreiung von der Flucht. Gedichte und Gegengedichte. Hamburg u. Düsseldorf: Claassen 1968.
Erich Fried: Einbürgerung. In: E. F., ... und Vietnam und ... Berlin: Wagenbach 1966.

59 Kurt Bartsch: mut. In: Uwe Berger / Günther Deicke (Hrsg.), Lyrik der DDR. Berlin [Ost] u. Weimar: Aufbau-Verlag 1974.
Günter Kunert: Als unnötigen Luxus ... In: G. K., Erinnerung an einen Planeten. Gedichte aus 15 Jahren. München: Hanser 1963.
Reiner Kunze: Das Ende der Kunst. In: R. K., Sensible Wege. Reinbek bei Hamburg: Rowohlt 1969.

62 Ursula Krechel: Meine Mutter. In: U. K., Nach Mainz! Gedichte. Darmstadt u. Neuwied: Luchterhand 1977.

63 Jürgen Theobaldy: Zu Besuch im Studentenwohnheim. In: J. Th., Zweiter Klasse. Berlin: Rotbuch Verlag 1976.

64 Hans Magnus Enzensberger: Die Scheiße. In: H. M. E., Gedichte 1955–1970. Frankfurt a. M.: Suhrkamp 1971.

68 Franz Josef Degenhardt: Manchmal sagen die Kumpanen. Zitiert nach: Hinton R. Thomas / Keith Bullivant, Westdeutsche Literatur der sechziger Jahre. Köln: Kiepenheuer & Witsch 1974.

71 Hans Magnus Enzensberger: Ins Lesebuch für die Oberstufe. In: H. M. E., Gedichte 1955–1970. Frankfurt a. M.: Suhrkamp 1971.

72 Peter Rühmkorf: Heinrich-Heine-Gedenk-Lied. In: P. R., Irdisches Vergnügen in g. Reinbek bei Hamburg: Rowohlt 1959.

73 Volker von Törne: Amtliche Mitteilung. In: V. von T., Fersengeld. Berlin: Skriver 1962.
Erich Fried: Beim Nachdenken über Vorbilder. In: E. F., ... und Vietnam und ... Berlin: Wagenbach 1966.
Helmut Lamprecht: Prag – August 68. In: H. L., Die Hörner beim Stier gepackt. Stuttgart: Gebühr 1975.

74 Hans Magnus Enzensberger: Über die Schwierigkeiten der Umerziehung. In: H. M. E., Gedichte 1955–1970. Frankfurt a. M.: Suhrkamp 1971.

75 Helga M. Novak: Lied vom alten Tee. In: H. M. N., Balladen vom kurzen Prozeß. Berlin: Rotbuch Verlag 1975.

76 Günter Kunert: Deutsche Elegie. In: G. K., Abtötungsverfahren. München: Hanser 1980.

76 Erich Fried: Status quo. In: E. F., Lebensschatten. Gedichte. Berlin: Wagenbach 1981.

77 Hans Magnus Enzensberger: ratschlag auf höchster ebene. In: H. M. E., verteidigung der wölfe. Frankfurt a. M.: Suhrkamp 1957.

Martin Jürgens: DU KRUPP ... In: Joachim Fuhrmann u. a. (Hrsg.), agitprop. Lyrik, Thesen, Berichte. Hamburg: Quer-Verlag 1969.

78 Günther Guben: Standpunkte. In: Joachim Fuhrmann u. a. (Hrsg.), agitprop. Hamburg: Quer-Verlag 1969.

Yaak Karsunke: konzertierte aktion. In: Y. K., reden & ausreden. Gedichte. Berlin: Wagenbach 1969.

79 Politslogans. Zitiert nach: Walter Hinderer (Hrsg.), Geschichte der politischen Lyrik in Deutschland. Stuttgart: Reclam 1978.

80 Walter Moßmann: Lied vom leistungsgerechten Tod (1976). In: W. M., Flugblattlieder, Streitschriften. Berlin: Rotbuch Verlag 1980.

90 Ernst Jandl: bibliothek. In: E. J., die bearbeitung der mütze. Gedichte. Darmstadt u. Neuwied: Luchterhand 1978.

Timm Ulrichs: stets. In: Eugen Gomringer (Hrsg.), konkrete poesie. deutschsprachige autoren. Stuttgart: Reclam 1972.

91 Claus Bremer: Friedenstaube. In: C. B., Anlaesse. Kommentierte Poesie. 1949–1969. Neuwied u. Berlin: Luchterhand 1970.

Franz Mon: es. In: F. M., Lesebuch. Neuwied: Luchterhand 1967.

92 Eugen Gomringer: schweigen schweigen schweigen. In: E. G. (Hrsg.), konkrete poesie. Stuttgart: Reclam 1972.

Eugen Gomringer: worte sind schatten. In: E. G. (Hrsg.), konkrete poesie. Stuttgart: Reclam 1972.

Eugen Gomringer: sonne mann. In: Helmut Heißenbüttel (Hrsg.), Eugen Gomringer, worte sind schatten – die konstellationen 1951–1968. Reinbek bei Hamburg: Rowohlt 1969.

93 Ernst Jandl: wohin wohin. In: E. J., der künstliche baum. Gedichte 1957–1969. Darmstadt u. Neuwied: Luchterhand 1972.

Reinhard Döhl: Apfel Apfel ... Wurm. In: Eugen Gomringer (Hrsg.), konkrete poesie. Stuttgart: Reclam 1972.

94 Hermann Jandl: begriffe. In: H. J., leute, leute. Lyrik. Frankfurt a. M.: S. Fischer 1970.

Friedrich Achleitner: wos na ge. In: F. A., prosa, konstellationen, montagen, dialektgedichte, studien. Reinbek bei Hamburg: Rowohlt 1970.

95 Ernst Jandl: schtzngrmm. In: E. J., Laut und Luise. Stuttgart: Reclam 1976. © Ernst Jandl, Wien.

96 Ernst Jandl: loch. In: E. J., Sprechblasen. Stuttgart: Reclam 1979. © Ernst Jandl, Wien.

Gerhard Rühm: amoe ka zweits moe. In: G. R., Gesammelte Gedichte und visuelle Texte. Reinbek bei Hamburg: Rowohlt 1970.

97 Friedrich Achleitner: koa aonung. – bix bum fix. In: F. A., prosa, konstellationen, montagen, dialektgedichte, studien. Reinbek bei Hamburg: Rowohlt 1970.

137

97   Konrad Balder Schäuffelen: umulrmrum. In: Eugen Gomringer (Hrsg.) konkrete poesie. Stuttgart: Reclam 1972.

98   Friedrich Achleitner: ruh. In: Eugen Gomringer (Hrsg.), konkrete poesie. Stuttgart: Reclam 1972.
     Max Bense: Ist, Anna war. In: M. B., bestandteile des vorüber. Köln u. Berlin: Kiepenheuer & Witsch 1961.

103 Ingeborg Bachmann: Landnahme. In: I. B., Gedichte, Erzählungen, Hörspiel, Essays. München: Piper 1964.

104 Christa Reinig: Die Gerechten. In: Ch. R., Gedichte. Frankfurt a. M. S. Fischer 1962.

105 Christa Reinig: Briefschreibenmüssen. In: Ch. R., Gedichte. Frankfurt a. M.: S. Fischer 1962.
     Hans Bender: Heimkehr. In: Merkur 8 (1954) Heft 2, S. 1052. (Vom Autor redigiert.)
     Hans-Jürgen Heise: Dich. In: H.-J. H., Einhandsegler des Traums. Gedichte. Prosagedichte. Selbstdarstellungen. Kiel: Neuer Malik Verlag 1988. © Hans-Jürgen Heise.
     Rainer Brambach: Paul. In: R. B., Wirf eine Münze auf. Gesammelte Gedichte aus 3 Jahrzehnten 1947–1977. Zürich: Diogenes Verlag 1977 © 1977 Diogenes Verlag AG, Zürich.

106 Johannes Bobrowski: Bericht. In: J. B., Schattenland Ströme. Gedichte. Stuttgart: Deutsche Verlags-Anstalt 1962.
     Erich Fried: Die Hinrichtung. In: E. F., Warngedichte. München: Hanser 1964.

117 Volker Braun: Letzter Aufenthalt auf Erden (für Pablo Neruda). In: V. B., Gegen die symmetrische Welt. Gedichte. Frankfurt a. M. Suhrkamp 1974.

118 Ulla Hahn: Kreuzweise. In: U. H., Herz über Kopf. Stuttgart: Deutsche Verlags-Anstalt 1981.
     Christoph Meckel: Der Tag wird kommen. In: Ch. M., Nachtessen. Gedichte. Berlin: Literarisches Colloquium 1975.

119 Nicolas Born: Drei Wünsche. In: N. B., Das Auge des Entdeckers. Gedichte. Reinbek bei Hamburg: Rowohlt 1972.
     Dörte von Westernhagen: Wo das Glück bleibt. In: D. von W., Aus dem Dienstweg. Stade: Selbstverlag 1970.

120 Hans Magnus Enzensberger: Poetik-Vorlesung. In: H. M. E., Gedichte 1955–1970. Frankfurt a. M.: Suhrkamp 1971.
     Rolf Dieter Brinkmann: Die Orangensaftmaschine. In: R. D. B. Westwärts 1 & 2. Gedichte. Reinbek bei Hamburg: Rowohlt 1975.

121 Rolf Dieter Brinkmann: Einen jener klassischen. In: R. D. B., Westwärts 1 & 2. Gedichte. Reinbek bei Hamburg: Rowohlt 1975.

122 Rainer Malkowski: Die Alten. In: R. M., Was für ein Morgen. Gedichte. Frankfurt a. M.: Suhrkamp 1975.
     Rainer Malkowski: Mitten in einen Vers. In: R. M., Was für ein Morgen. Gedichte. Frankfurt a. M.: Suhrkamp 1975.

123 Karl Krolow: Neues Wesen. In: K. K., Alltägliche Gedichte. Frankfurt a. M.: Suhrkamp 1968.

123 Ralf Thenior: Die Fastfrau (Ein Liebesgedicht). In: R. Th., Traurige
     Hurras. München: Verlag Autoren Edition 1977.
124 Wolf Wondratschek: Gedicht »XXX«. In: W. W., Chuck's Zimmer.
     Alle Gedichte und Lieder. München: Selbstverlag. (Auch: Frankfurt
     a. M.: Zweitausendeins 1974.)
     Georges Hausemer: wir in diesem land. In: G. H., Warnung vor
     Freunden. Editions du Centre Culturel Differdange. (MOL 11.) 1979.
125 Karin Kiwus: An die Dichter. In: K. K., Von beiden Seiten der
     Gegenwart. Gedichte. Frankfurt a. M.: Suhrkamp 1976.

10. Weiterführende Literatur (Auswahl)

10.1. Anthologien

Wolfgang Weyrauch (Hrsg.): expeditionen. Deutsche Lyrik seit 1945. München 1954.

Walter Höllerer (Hrsg.): Transit. Lyrikbuch der Jahrhundertmitte. Frankfurt a. M. 1956.

Hans Bender (Hrsg.): Mein Gedicht ist mein Messer. München 1961.

Walter Urbanek (Hrsg.): orpheus 20. Gedichte dieses Jahrhunderts. Bamberg 1961.

Franz Werneke / Cornelius Witt (Hrsg.): Kadenz der Zeit. Gedichte, Gedichtdeutungen der Gegenwart. Göttingen 1961.

Klaus Wagenbach (Hrsg.): Das Atelier 2. Zeitgenössische deutsche Lyrik. Frankfurt a. M. 1963.

Heinz Piontek (Hrsg.): Neue deutsche Erzählgedichte. Stuttgart 1964.

Walter Urbanek (Hrsg.): steinmetzzeichen im laub. deutsche lyrik der gegenwart. Bamberg 1964.

Walter R. Fuchs (Hrsg.): Lyrik unserer Jahrhundertmitte. München 1965.

Elisabeth Pablé (Hrsg.): Ad absurdum. Parodien dieses Jahrhunderts. München 1968.

Klaus Wagenbach (Hrsg.): Lesebuch der sechziger Jahre. Berlin 1968.

Uwe Wandrey: Kampfreime. Politische Slogans. Hamburg [2]1969.

Eugen Gomringer (Hrsg.): konkrete poesie. deutschsprachige autoren. Stuttgart 1972.

Heinz Piontek (Hrsg.): Deutsche Gedichte seit 1960. Stuttgart 1972.

Hartmut Geerken (Hrsg.): schreibweisen. Frankfurt a. M. 1973.

Annemarie Stern: Lieder gegen den Tritt. Oberhausen [2]1974.

Karl-Heinz Fingerhut / Norbert Hopster (Hrsg.): Politische Lyrik. Ein Arbeitsbuch. Frankfurt a. M. 1974.

Gisela Lindemann (Hrsg.): Gedichte 1900–1960. München 1974.

Wolfgang Weyrauch (Hrsg.): Neue Expeditionen. Deutsche Lyrik von 1960–1975. München 1975.

Jürgen Theobaldy (Hrsg.): Und ich bewege mich doch ... Gedichte vor und nach 1968. München 1977.

Karl Otto Conrady (Hrsg.): Das große deutsche Gedichtbuch. Königstein i. Ts. 1978.

Hans Bender (Hrsg.): In diesem Lande leben wir. Deutsche Gedichte der Gegenwart. Frankfurt a. M. 1980.

Hans Magnus Enzensberger (Hrsg.): Museum der modernen Poesie. 2 Bde. Frankfurt a. M. 1980.

Volker Hage (Hrsg.): Lyrik für Leser. Deutsche Gedichte der siebziger Jahre. Stuttgart 1980.

Hans Bender (Hrsg.): Deutsche Gedichte 1930–1960. Stuttgart 1983.

Theodor Verweyen / Gunther Witting (Hrsg.): Deutsche Lyrik-Parodien aus drei Jahrhunderten. Stuttgart 1983.

Uwe Berger / Günther Deicke (Hrsg.): Lyrik der DDR. Berlin [Ost] 1984.
Christoph Buchwald / Klaus Wagenbach (Hrsg.): Lesebuch der siebziger Jahre. Berlin 1984.
Helmut Lamprecht (Hrsg.): Wenn das Eis geht. Ein Lesebuch zeitgenössischer Lyrik. München 1985.
Hans Bender (Hrsg.): Was sind das für Zeiten. Deutschsprachige Gedichte der achtziger Jahre. München 1988.

10.2. Allgemeine Darstellungen zur Gegenwartslyrik

Gottfried Benn: Probleme der Lyrik. Wiesbaden 1951.
Benno von Wiese: Die deutsche Lyrik der Gegenwart. In: Wolfgang Kayser, Deutsche Literatur in unserer Zeit. Göttingen 1953.
Heinz Otto Burger / Reinhold Grimm: Evokation und Montage. Göttingen 1961.
Clemens Heselhaus: Die deutsche Lyrik der Moderne. Düsseldorf 1961.
Karl Krolow: Aspekte zeitgenössicher deutscher Lyrik. Gütersloh 1961.
Dieter Hasselblatt: Lyrik heute. Gütersloh 1963.
Kurt Leonhard: Moderne Lyrik. Bremen 1963.
Rudolf Nikolaus Maier: Das moderne Gedicht. Düsseldorf 1963.
Walter Jens: Deutsche Literatur der Gegenwart. München 1964.
Horst Lehner (Hrsg.): Zeitalter des Fragments. Literatur unserer Zeit. Herrenalb 1964.
Walter Höllerer: Theorie der modernen Lyrik. Reinbek bei Hamburg 1965.
Hugo Friedrich: Die Strukturen der modernen Lyrik. Hamburg ³1970.
Hartmut Müller: Formen moderner deutscher Lyrik. Paderborn 1970.
Ludwig Büttner: Von Benn zu Enzensberger. Eine Einführung in die zeitgenössische deutsche Lyrik 1945–1970. Nürnberg 1971.
Manfred Durzak (Hrsg.): Die deutsche Literatur der Gegenwart. Stuttgart 1971.
Thomas Koebner: Tendenzen der deutschen Literatur seit 1945. Stuttgart 1971.
Renate Matthai (Hrsg.): Grenzverschiebung. Neue Tendenzen in der deutschen Literatur. Köln ²1972.
Ulrich Klein: Lyrik nach 1945. München 1972.
Marcel Reich-Ranicki: Zur Literatur der DDR. München 1974.
Hinton R. Thomas / Keith Bullivant: Westdeutsche Literatur der sechziger Jahre. Köln 1974.
Gerhard R. Kaiser (Hrsg.): Die deutsche Literatur. Ein Abriß in Text und Darstellung. Bd. 16: Gegenwart. Stuttgart 1975.
Jürgen Theobaldy / Gustav Zürcher: Veränderung der Lyrik. Über westdeutsche Gedichte seit 1945. München 1976.
Otto Knörrich: Die deutsche Lyrik seit 1945. Stuttgart ²1978.
Heinz Ludwig Arnold (Hrsg.): Kritisches Lexikon zur deutschsprachigen Gegenwartsliteratur. München 1978 ff.
Paul K. Kurz (Hrsg.): Über moderne Literatur. Bd. 6 u. 7. Frankfurt a. M. 1979 u. 1980.

141

Dieter Lattmann (Hrsg.): Kindlers Literaturgeschichte der Gegenwart. 12 Bde. Frankfurt a. M. 1980.

Klaus Weissenberger: Die deutsche Lyrik 1945–1975. Düsseldorf 1981.

Volker Hage / Adolf Fink (Hrsg.): Deutsche Literatur. Ein Jahresüberblick. Stuttgart 1981 ff.

Marcel Reich-Ranicki: Entgegnung. Zur deutschen Literatur der siebziger Jahre. München 1981.

Michael Zeller: Gedichte haben Zeit. Aufriß einer zeitgenössischen Poetik. Stuttgart 1982.

Walter Hinderer (Hrsg.): Geschichte der deutschen Lyrik vom Mittelalter bis zur Gegenwart. Stuttgart 1983.

Meinhard Prill (Hrsg.): Die Klassiker der modernen deutschen Literatur. Düsseldorf 1984.

Jochen Hörisch / Hubert Winkels (Hrsg.): Das schnelle Altern der neuesten Literatur. Düsseldorf 1985.

Kurt Rothmann: Deutschsprachige Schriftsteller seit 1945 in Einzeldarstellungen. Stuttgart 1985.

10.3. Interpretationen

Clemens Heselhaus: deutsche lyrik der moderne. Von Nietzsche bis Yvan Goll. Düsseldorf 1961.

Walter Urbanek (Hrsg.): begegnung mit gedichten. 60 Interpretationen. Bamberg 1962.

Rupert Hirschenauer / Albrecht Weber: Wege zum Gedicht. München 1968.

Hilde Domin: Doppelinterpretationen. Frankfurt a. M. 1969.

Wolfgang Kopplin: Beispiele. Deutsche Lyrik '60–'70. Paderborn 1969.

Wolfgang von Einsiedel (Hrsg.): Kindlers Literatur Lexikon im dtv. 25 Bde. München 1974.

Marcel Reich-Ranicki: Frankfurter Anthologie. 10 Bde. Frankfurt a. M. 1976–86.

Günther Busse: Gedichtinterpretationen. Stuttgart 1977.

Peter Bekes u. a. (Hrsg.): Deutsche Gegenwartslyrik von Biermann bis Zahl. Interpretationen. München 1982.

Walter Hinck (Hrsg.): Gedichte und Interpretationen. Bd. 6: Gegenwart. Stuttgart 1982.

Arbeitstexte für den Unterricht

Philipp Reclam jun. Stuttgart